공부가 하고 싶은 당신에게

공부가 하고 싶은 당신에게

장웅상 지음

다우

어제와 다른 오늘을 위해 공부합니다

공부밖에 모르는 간서치(看書癡)가 책을 썼습니다. 첫 문장부터 막막했지만, 제가 책을 쓴다니 스승님과 제자, 학우들 모두 응원해주셨습니다. 그분들의 격려와 응원 덕에 마지막 문장의 마침표를 찍을 수 있었습니다. 무엇을 쓸 것인가는 오래전부터 생각했습니다. 어설프지만 내가 공부한 이유와 과정, 그 깨달음과 즐거움을 여럿이 나누고 싶었습니다.

제 나이는 지금 오십입니다. 직업은 '학생'입니다. 여덟 살에 학교에 입학한 이래 아직도 학교를 다니고 있습니다. 그간 영문학 박사가 되었고, 9개의 학위를 받았으며, 지금은 학사과정 하나와 석사과정을 동시에 공부하고 있습니다.

또 다른 직업은 '선생'입니다. 영문학과를 졸업하고 번역과 대학 강단과 학원에서 사람들을 가르치며, 스터디 모임 등에서 재능 기부 강의도 하고 있습니다. 두 개의 직업 모두 공부가 바탕이자 매개이며, 목적이기도 합니다.

사람들은 제게 어떻게 하면 공부를 잘할 수 있느냐고 묻습니다. 공부는 누군가에겐 성취 수단이자 삶을 영위하기 위한 도구입니다. 또 다른 누군가에겐 세상의 이치를 깨닫고 지혜를 찾는 과정이기도 합니다. 한편으론 살면서 끝없이 변화하고 스스로 성장하기 위한, 일종의 자기수양의 방편으로 공부를 하기도 합니다. 이처럼 공부의 목적은 다양하지만 저의 대답은 늘 같습니다. 공부의 결과도 중요하지만 과정을 즐길 줄 알아야 한다. 그리고 어떤 공부든 '아는 즐거움'을 누리는 것만으로도 충분히 가치가 있다. 특히 어른의 공부는 더욱 그렇다고 말합니다.

인간의 몸은 어른이 되면 성장을 멈추지만 생각을 멈출 수는 없습니다. 우리가 나이를 먹는 것은 어쩔 수 없지만, 생각마저 낡을 수는 없습니다. 머리는 가만히 두는 순간 굳어버리고 생각은 화석이 됩니다. 한 사람의 정체성과 가치관은 생각에서 나옵니다.

공부의 본질은 새로움입니다. 오래된 고전의 지혜는 최신 발표된 연구 결과든, 내 머릿속에 처음 들이면 모두 새로운 것입니다. 기존의 내 지식과 새로 알게 된 지식이 모여 내 생각이 되고, 그 생각이 오롯이 자신입니다. 노벨상 수상자이자 세계적인 신경과학자인 에릭 켄델이 "우리가 우리인 이유는 우리가 배우고 기억하기 때문이다"라고 한 이유가 거기에 있습니다.

공부에 늦은 때란 없습니다. 새로움을 담고 뇌에 새기는 게 공부라면, 약간의 열정만 있으면 누구라도 할 수 있습니다. 책 속에 밝힌 대로 머리가 아주 나쁜 저도 지금껏 공부를 해왔고, 여전히 지금도 즐기고 있습니다. 왜냐하면 재능을 넘어 세상을 읽는 안목을 기르고 나를 성장시킨 것은 공부였으며, 죽는 날까지 더 세상과 교유하며 성장하고 싶기 때문입니다. 즉 오늘 공부하는 것은 어제와 다른 나를 만나기 위해서입니다.

미욱하고 어설픈 글, 바보도 공부하면 이 정도에는 이르는구나, 라며 읽어주시면 덜 부끄러울 것 같습니다. 책을 쓰면서 아내가 가장 많이 생각났습니다. 사랑하는 제 인생의 동지이자, 평생 공부만 하는 저를 늘 응원하고 지지해주기 때문일 겁니다.

아울러 제가 이만큼 온 것은 모두 학교에서 만난 스승님들 덕분입니다. 격려해주신 방송대 류수노 총장님을 비롯해 흔쾌히 추천사를 써주신 모든 스승님께 감사드립니다. 당신의 공부와 강의로 바쁘신 시간에 일일이 원고를 검토해주신 고려대 김언종 교수님께 뭐라 감사드려야 할지 모르겠습니다. 또 한 분의 공부 동지이자 인생 길잡이인 제 형님, 그리고 출판사 관계자에게도 고마움을 전합니다. 모두 미련하게 앞만 보고 공부하는 저를 위한 격려와 채찍질로 알고 더욱 매진하겠습니다.

2019년 12월 31일

한 해를 보내고 새해를 맞으며

장웅상

차례

오랫동안 꿈을 그려온 사람은

마침내 그 꿈을 닮아간다.

앙드레 말로(André-Georges Malraux)

1부
공부하고 싶은 당신에게

몰라서 공부합니다

신은 우리가 성공할 것을 요구하지 않는다.
우리가 노력할 것을 요구할 뿐이다.

마더 테레사

그럴 연(然) 덕분에

그럴 연(然), 그 글자 때문이었다. 때는 봄날이었고, 아침부터 국문과 스터디에서 강의할 옛 시를 준비하다가 계절에 어울리는 두보(杜甫)의 시를 골라 놓았다.

江碧鳥逾白(강벽조유백)	강이 푸르니 새 더욱 희고
山青花欲然(산청화욕연)	산이 푸르니 꽃은 불붙는 듯하구나.
今春看又過(금춘간우과)	올봄도 보건대 또 지나가니
何日是歸年(하일시귀년)	어느 날이 돌아갈 해란 말인가.

봄날의 향수(鄕愁)를 읊은 절창이다. 나는 먼저 경치를 묘사하고 나중에 개인의 감상과 일을 묘사하는 한시의 전형적인 기법 '선경후서(先景後敍)'에 대해 강의할 참이었다. 그런데 쓰고 보니 글자 하나가 이상했다. 두 번째 구의 마지막 '연(然)'이 어딘지 어색해 보였다. 온통 푸른 산에 붉은 봄꽃이 불타는 듯 만개한 풍경을 묘사하는데, '붉을 홍(紅)'은 압운이 안 맞아 피했을 것이다. 그러나 '然'은 '그러하다', '분명하다', 혹은 접속사 '그런데' 등의 뜻으로 쓰이니, '燃(탈 연)' 자를 잘못 쓴 것 아닌가 싶었다.

천하의 두보 선생이 아름다운 봄날의 정취 속에 집으로 돌아가지 못하는 신세가 아무리 한탄스러워도 글자를 잘못 썼을 리 없고, 아마 후학들이 잘못 베낀 것으로 짐작하며 자전을 살펴보았다. 그런데 뜻밖에 '然' 자에도 '불타다'라는 뜻이 있었다. 중국판 원서를 찾아봐도 틀림이 없다. 얼마 전 졸업한 국문학과를 다니면서도 한시에 관심이 많아 혼자 한문 공부를 해왔고 나름 후배들에게 강의도 하고 있는데, 역시 한문 공부는 어렵고 무한하다 싶었다.

한자는 워낙 오래된 문자로 상형문자이자 뜻글자[表意文字]이며, 상형(象形, 모양을 본뜸), 지사(指事, 형태가 없는 추상적인 개념들을 하나의 부호로 표시함), 회의(會意, 두 개 이상의 상형자와 지사자를 합쳐 뜻을 모음), 형성(形聲, 의미 부분과 소리 부분을 결합함), 전주(轉注, 본래의 의미에서 변해서 달라진 의미를 지님), 가차(假借, 뜻은 다르나 음이 같은 글자를 빌려 만든 문자)의 여섯 가지 방법으로 만들어 그야말로 다양하고 글자 수가 엄청나다. 현존하는 글자만 10만 자가 넘고 더구나 같은 글자도 '然' 자처럼 다양한 뜻을 갖고 있으니, 막상 공부하려면 무한정으로 느껴져 절로 한숨이 나오기도 한다.

한문은 동양의 오랜 사상과 철학, 역사가 녹아든 만큼 그 의미가 깊고 때론 신묘하며 학문의 정수를 품고 있지만, 어설프게 공부하는 사람에겐 이렇듯 심술을 부리기도 한다. 기왕 더 찾아보기로 했다. '然' 자를 해체하면 肉(고기 육)과 犬(개 견), 火(불 화)자가 된다. 그래서 본디 개를 불에 그슬려 '까맣게 태우다' 또는 '개를 구워 제사를 지내다'라는 의미였지만, 이후에 뜻이 달라져(전주) 오늘날은 다른 의미로 사용된다고 한다.

오호, 재미있다. 개를 구워 까맣게 태우는 끔찍한 글자가 아주 순한 느낌의 '그러하다'가 되고, 요즘엔 듣기만 해도 마음이 싱그러워지는 '자연(自然)'에도 쓰이다니. 자칫 '스스로 개를 구워 먹는' 것을 싱그러워하는 야만인이 될 뻔했다. 생각이 여기까지 미치자 한자의 심술이 더 재미있어졌다. 오래전부터 관심 있었던 동양 고전과 한문을 본격적으로 공부하고 싶다는 생각이 스멀스멀 올라왔다. 기왕이면 체계적인, 제대로 된 공부가 필요할 때라는 생각이 들었다.

재밌잖아, 공부!

그날 강의를 마치고 돌아와 서재에 앉아 있는데 아내가 커피를 들고 들어왔다. 아내는 새로 산 옷인지 푸른색 바탕에 화사하고 붉은 꽃문양이 큼지막하게 박힌 티셔츠를 입고 있었다. 그때 나도 모르게 "욕연하구나!"라는 말이 나왔다. "뭐? 뭔 욕?" 아내가 눈을 휘둥그레 뜨고 나를 바라보았다.

"아니, 티셔츠 색이 푸르니 꽃이 더욱 불타는 듯 아름답다고."

또 뭔 객쩍은 소리를 하나 싶은 표정의 아내에게 당신의 새 옷과 아까의 한자에 대해 설명해주었다. 자연은 스스로 개를 구워 먹는다는 유치한 말까지 장황하게 설명하자, 아내는 기가 막혀선지 혀를 끌끌 차며 "조금 웃기긴 한데, 공부가 그렇게 재미있어?"라고 묻는다. 나는 잠시 대답하기를 망설였다. 사실이니 "응!" 하고 대답하고 싶지만, 이런 경우 좋은 답변이 아닐 수도 있다.

예전 대학원 박사과정 시절에는 졸업에 필요한 36학점을 훌쩍 넘기고도 12학점을 더 신청해 수강하기도 했다. 그때 친구가 넌 왜 그렇게 쓸데없는 공부를 하느냐고 물었다. 엉겁결에 "재밌잖아, 공부!"라고 대답하고 나서 뜨악한 친구의 표정을 본 뒤로는 그렇게 대답해본 적이 없다. 아내가 재차 묻는다.

"당신은 공부가 그냥 좋은 거야, 아님 정말 공부밖에 몰라서 그런 거야?"

글쎄, 내가 공부를 좋아하는 걸까? 할 줄 아는 게 그것밖에 없는 걸까? 실은 나도 잘 모르겠다. 알면 흔쾌히 대답을 해줄 텐데, 모르니 뭐라 할 말이 없다. 나는 그냥 모르니까 공부하는 걸까?

그렇다! 나는 잘 몰라서 공부하는 거다. 스무 살 대학 입학 때부터 지금까지, 나는 대학 학적만으로도 30년 가까이 계속 공부해왔다. 잘하진 못했지만, 재미있었고 좋아했으니까 공부했을 것이다.

공부를 통해 무슨 큰 포부를 품은 것도 아니었다. 영어가 좋아 영문학 박사가 되었고, 영어 강의를 하며 먹고살았고, 강의를 더 잘하기 위해 계속 영어 공부를 해왔다. 그리고 관심이 가는 것이 생기면 관련 분야를 공부하고, 본격적으로 탐구하고 싶은 욕망이 일면 입학을 하거나 편입을 했다.

학교에서 전공한 분야는, 관광학과·국문학과·중문학과·일본학과·교육학과·문화교양학과를 거쳤으며, 현재 법학과에서 공부하고 있다. 이런 나를 남들은 신기해하거나 궁금해했다. 평생 공부만 해서 딱히 이름을 날리거나 돈을 많이 번 것도 아니고, 대단한 학문적 업적 같은 걸 남긴 것도 아니다. 그러니 왜 그렇게 공부하냐고 누군가 물을 때마다 늘 대답이 궁했다. 그럼에도 입속에서 맴도는 한자성어는 있었다.

공자님은 "공부하다 보니 나이 먹은 것도 잊었다[不知老之將至부지로지장지]"라거나 "사람이 알고자 하는 마음이 생기면 먹는 것조차 잊고 즐거워서 근심조차 잊어버린다[發憤忘食 樂以忘憂발분망식 낙이망우]"라고 하셨다. 그러나 깜냥도 안 되는 사람이 이런 말을 입에 올리는 것은 망발(妄發)이다.

방금 그럴싸한 답을 찾았다. 나뿐 아니라 모든 인간은 몰라서 공부하는 것 아닐까? 알면 왜 하겠나. 사실 나도 내가 계속 공부하는 이유를 자문자답하긴 했다. 결론은 늘 단순했다. 그냥 행복해서! 공부를 할수록 내면이 충만해지는 것을 느꼈고, 삶의 지평이 넓고 깊어졌다. 공부를 통해 세상을 조금 더 알게 되었고, 한편으론 나 자신을 성찰하게 되었다. 그리고 지금도 꾸준히 성장하는 것을 느낀다. 이런 느낌은 공부를 할수록, 나이를 먹을수록 더 크게 다가왔다.

오늘 남에게 답할 좋은 이유를 찾았다. 누구나 모르니까 공부하는 거다. 나도 그렇다. 공자님은 모르는 것을 알기 위해 끊임없이 공부하다가 성인(聖人)이 되셨고, 나는 성인(成人)이 되었다. 성인이 된다는 건 나이만 먹는 게 아니라 무언가 계속 이루고[成] 자라는[長] 것 아닐까?

쉰의 나이인 지금도 공부로 계속 성장하고 있냐고요? 비록 혼자만의 결론이지만, 그러합니다[然]!

머리가 나빠 공부했습니다

굳은 결심은 가장 유용한 지식이다.

나폴레옹 보나파르트

박사님은 아이큐가 150이 넘으시죠

어느 날 강의실에 먼저 나와 스터디를 준비하는데, 막 도착한 학우 한 분이 불쑥 내게 묻는다. “박사님은 아이큐가 150이 넘으시죠?” 미처 대답하기도 전에 그분은 속사포처럼 말을 쏟아낸다.

“이번 학기엔 꼭 논문을 마쳐야 하는데, 죽자고 공부해도 돌아서면 잊어버리니 어떻게 해야 할지 모르겠어요. 제 머리는 아무래도 공부에 맞지 않는가 봐요.”

나는 솔직하게 말한다. “제 아이큐는 두 자리입니다”. 이런 내 말을 사람들은 결코 믿지 않는다. 이분도 건성으로 듣는다.

"저는 고등학교 때 아이큐가 세 자리는 되었는데 공부머리는 없나 봐요. 박사님은 석사도 두 개째 공부 중이시고 학사도 몇 개씩 하셨으니 공부머리는 타고나신 것 아니에요? 머리 좋은 사람이 제일 부럽습니다."

이런 경우 뭐라 답하기가 어렵다. 나도 아이큐 높은 사람이 참 부럽다. 내 아이큐는 너무 낮아서 정확히 밝히기는 어렵고, 100이 되지 않는다. 남보다 두 배는 노력해야 비슷한 결과를 얻는 나로선, 조금만 공부해도 성적이 오르고 쉽게 결과를 얻는 사람이 무척 부럽다.

내가 머리가 나쁜 건 중학교 때쯤 알았다. 초등학교 때야 너나없이 공부를 안 하는 때라 잘 몰랐고, 중학교에 가니 서서히 공부하는 아이들이 나타났다. 나도 그중 하나였는데, 공부한 만큼 성적은 잘 안 나왔다. 공부에 열의도 있었고 나름 즐겁게 했는데, 이상하게도 같은 시간을 같이 공부한 옆 친구와 성적 차이가 났다. 특히 암기 과목인 국어나 영어, 한문과 국민윤리 성적은 괜찮았지만 수학과 과학은 젬병이었다. 수학·과학을 공부하려면 늘 머리가 아팠다.

나와 반대로 형은 머리가 좋다. 아이큐 검사에서 135 정도가 나왔고, 수학과 과학 실력이 뛰어나 대학에 가서 물리학을 전공했다. 형도 나처럼 오십대 초반인 지금까지 6개 학문에 걸쳐 공부를 하고 있고, 지금은 박사학위 취득을 앞두고 있을 만큼 평생 공부를 하는 사람이다. 그런 그도 어릴 때는 공부에 매진하는 스타일이 아니었다. 시험공부라고는 교과서를 한 번 후루룩 훑어보는 게 전부였는데도 좋은 성적이 나왔으니, 어린 나는 그렇게 부러울 수가 없었다.

대신 나도 장점이 있었는데, 바로 뚝심이다. 책을 한번 잡으면 끝까지 파고들었으며, 이해가 안 되면 통째로 외우려고 노력했다. 장점인지 단점인지, 성격상 눈치 없고 남과 비교할 줄도 몰라 성적이 잘 안 나와도 한탄하지 않았다. 단, 가까이 있는 형과의 비교는 피할 수 없었다. 나는 머리가 나쁘니, 공부를 안 하면 머리가 화석이 될 것 같아 뭐든지 뇌에 쑤셔 넣기로 작심했다. 공부머리 좋은 사람들이 놀듯 공부를 즐긴다면, 역설적으로 나는 머리가 나빠 공부를 시작한 것이다.

또 한 가지 내 장점은 호기심이 많다는 것이다. 새롭고 신기한 것을 접하고 탐구하는 데 취미가 있었다. 특히 책 속으로 떠나는 여행은 내가 모르는 무한한 세상을 보여주었다. 집에 있는 전집은 물론, 이웃집 책까지 모조리 구해다가 읽었다. 다행인지 불행인지, 그 호기심이 돈벌이나 손재주 같은 데는 발휘되지 않았고, 공부하는 데만 집중되었다.

운명처럼 만난 영어

중학교에 들어가 운명처럼 영어를 만났다. 시골 꼬마에게 처음엔 낯설기만 했던 알파벳에도 발음이 있고, 단어와 간단한 문장 규칙을 알면 말이 된다는 것이 신기했다. 과자 봉지나 길가 전봇대, 영화 포스터에 적힌 뜻 모를 꼬부랑 글자가 하나하나 읽히는 게, 과장하자면 심봉사가 눈을 뜬 기분이었다. 그때부터 영어가 좋아졌다.

당시 김중식 영어 선생님의 펜스~ㄹ(pencil), 뷰~리풀(beautiful), 엄브렐~러~(umbrella)……. 발음도 얼마나 멋지게 들리던지. 선생님은 숙제로 매일 영어단어로 깜지를 써서 제출하라고 하셨는데, 나는 한 번도 빼놓지 않고 숙제를 해 갔다. 어린 시골뜨기한테 선생님의 칭찬이 큰 격려가 되기도 했지만, 처음으로 '앎의 기쁨' 느꼈던 것 같다. 그 뒤로 공부가 점점 재미있어졌다.

돌아보면 내 공부 습관은 아마 그때 틀을 잡은 것 같다. 밝힌 대로 나는 머리도 나쁘고, 대개의 시골 아이들이 그렇듯 공부하라고 닦달 받은 적이 없다. 과외 같은 건 꿈도 못 꾸었다. 비록 성적이 특출하진 않았지만 그래도 비교적 중상위권을 유지했다. 아마도 꼬박꼬박 복습과 예습을 한 덕분이 아닌가 싶다. 이런 습관은 고등학교 때까지 꾸준히 이어졌다. 잔꾀 부릴 줄 모르고 유연하지도 못한 성격이 오히려 좋은 결과를 내준 것이다.

진정한 공부꾼의 습관과 태도

나는 아직도 아이큐 좋은 사람이 부럽다. 하지만 공부에서 중요한 것은 머리가 아니라 습관과 태도라고 믿는다.

한때 외고를 지망하는 아이들을 모아 영어를 가르친 적이 있다. 그중 한 아이는 전교 수석을 다툴 정도로 공부를 잘했다. 외고 지망생들인 만큼 아이들 성적은 대부분 상위권이었고, 그 아이가 다른 아이들에 비해 특별히 머리가 더 좋은 것 같지는 않았다.

단지 다른 아이와 다른 점은 모르는 것을 절대 그냥 넘어가지 않고 끝까지 답을 찾는 집요함이었다. 백 퍼센트 이해가 될 때까지 내게 몇 번이고 거듭 물었다. 다른 아이들이 하품을 하며 눈치를 주어도 아랑곳하지 않았는데, 정작 성적에 대해서는 안달복달 매달리며 스트레스를 받는 것 같지 않았다. 침착하고 수더분한 성격대로 차근차근 공부해나가는 스타일로, 자신이 아는 것과 모르는 것을 분명히 인식하고 있으며, 지금 자신이 무엇을 공부해야 하는지를 정확히 알고 있었다.

교과서든 참고서든 수십 번씩 반복해서 외우고, 나중엔 지문을 화이트로 지운 뒤 다시 쓰면서 자신이 알고 있는 것을 점검하는 방식도 인상적이었다. 무작정 오래 책상에 앉아 있기보다, 정한 시간과 공부량을 꾸준히 지키고 조금씩 늘려나간다는 느낌을 받았다. 내 입장에서는 가르치는 것을 습자지처럼 빨아들이니, 수업 시간을 한참 넘겨도 피곤을 못 느끼는 학생이었다. 당연히 우수한 성적으로 외고에 입학했다.

나중에 들으니 외고에서 내신 판가름이 난다는 수학을 1, 2학년 때 이해 위주로 공부하다가 3학년 때는 문제집을 달달 외워 부족한 이해력을 보완했다는데, 입시 대비로는 이 반복학습법이 꽤 유용하다. 천재가 아니어도 외우는 것을 반복하다 보면 누구나 일정 수준에 도달하고, 시간차가 있을지언정 성과는 같다는 것이 내 지론이다.

이 친구는 공부가 획득하고 싸워야 하는 대상이 아니라 자신의 부족함을 습득하는 것임을 일찌감치 깨달은 게 아닌가 싶다. 그 또래 아이들은 대부분 성적과 결과에 연연하여 남과의 비교가 괜한 자의식으로 이어져 번민하고 벅차한다(실은 성적에 연연하는 부모 때문에 이중으로 힘들다). 이 친구는 공부를 덤덤히 받아들이고 조금씩이나마 지식을 자기 것으로 만들어나가는 데 만족감을 얻는 태도 덕분에 순조로운 공부의 길을 개척한 것 아닌가 싶다. 남들 눈엔 그저 모범생으로 보였을지 몰라도 내겐 진정한 공부꾼의 면모가 보였다고나 할까.

반복학습법의 효과

대학 영문과 4학년 때, 〈셰익스피어 II〉라는 과목의 기말고사 시험이 셰익스피어의 4대 비극 중 한 작품의 원문을 암기해 60행 이상 적는 것이었다. 나는 〈햄릿〉을 선택해 거의 한 글자도 틀리지 않고 쓴 기억이 있다. 성적도 A+를 받았다. 외우기는 내 특기가 아니라 유일하게 선택할 수 있는 방법이었는지도 모르겠다.

이처럼 내 공부법은 반복학습을 통한 외우기였다. 현대시나 책 속의 중요한 구절, 한자 등도 달달 외우려고 노력했다. 암기는 무식해 보이지만 단련이 된다. 연상기억법, '태정태세문단세' 등 앞 글자만 외우기 등의 노하우가 생기면서, 다른 공부 과정에서도 많은 도움이 되었다. 내가 이해력보다 암기력이 좋다고 말하고는 있지만, 사실 암기력이 얼마나 뛰어난지도 미지수다. 머리 좋은 다른 사람이 나처럼 했으면 훨씬 더 좋은 점수를 받았을지 모른다. 그러나 달달 외우는 반복학습법은 언뜻 미련한 방식으로 보일지 모르지만 공식, 연대표, 단어 등의 기초 공부에는 지능을 넘어서는 효과적인 방식인 것이 분명하다. 특히 시험이나 단기간 성적을 내는 데는 아주 탁월하다.

공부는 자신을 채우는 탐구의 시간

다산 정약용 선생의 강진 유배기에 여섯 명의 수제자가 있었다. 그 중 선생이 가장 아낀 제자 황상(黃裳, 1788~1863?)은 다산에게 처음 배움을 청하던 날 이렇게 물었다.

"제겐 세 가지 병통(病痛)이 있습니다. 첫째는 우둔한 것, 둘째는 융통성이 없는 것, 셋째는 답답한 것입니다. 이런 제가 공부를 할 수 있겠습니까?"

다산이 답했다.

"배우는 사람에게는 세 가지 큰 병통이 있는데 너는 그것이 없구나. 병통의 첫째는 민첩하게 금방 외우는 것이다. 둘째는 날카롭게 글을 짓는 것이다. 셋째는 재빨리 깨닫는 것이다."

이게 무슨 말씀인가? 언뜻 보기엔 최상의 공부 자질을 가진 사람이 병통이라니. 눈치챘겠지만, 깊은 공부는 재주보다 근면과 꾸준함이 가장 큰 미덕임을 말하는 것이었다. 다산은 "공부는 첫째도 둘째도 셋째도 근(勤, 부지런함)해야 한다"고 이르며, 그날의 문답을 글로 적어 〈삼근계(三勤戒)〉를 지어주며 황상을 제자로 받아들였다.

"부지런하고, 부지런하며, 부지런하라."

황상은 이후 정약용을 받들며 이를 평생 지키면서 공부했다고 한다. 그는 대대로 아전 가문 출신이어서 과거는 볼 수 없었지만 그의 시문을 칭찬한 다산의 글이 남아 있고, 최근 발견된 것으로 전라도 지역의《택리지》를 증보한 저작도 남겼다. 나중에 공부 수준이 상당한 경지에 이르렀음을 알 수 있지만, 그의 신분과 저작을 보면 공부를 개인의 성취 수단으로 여기지 않고, 스스로를 닦고 세상에 도움을 주려고 한 선비정신도 엿볼 수 있다. 그의 지리지는 당시

호남지역의 지리를 연구하는 후학들에게 큰 도움이 될 것이다.

이렇듯 일상적인 삶을 영위하기 위한 공부는 지능과 별 상관이 없다. 노력하면 남을 위해 쓰는 데도 충분하다. 오히려 선천적인 재능을 넘어 자신의 노력으로 삶을 가꾸는 자기수양의 수단으로 공부를 대하는 것도 하나의 방법이 될 수 있다.

우리가 워낙 치열한 경쟁 사회에 살다 보니 남과 비교해 순위를 매기고, 성취와 결과만 따지는 데 익숙하기 때문에 공부도 대표적인 '하기 싫은 것'이 된 것 아닐까 싶다. 공부를 전투처럼 생각하고 점수와 학위를 노획물처럼 여기고, 효율만을 강조하거나 결과가 만족스럽지 않으면 자신의 무능 탓으로 돌리기까지 하니, 어느덧 공부는 부담스러운 것이 되고 말았다. 어른이나 아이나 공부에 대한 이런 자세는 지치기 쉽고, 마음의 상처를 받기도 하며, 필연적으로 공부와 멀어지는 요인이 된다. 학위와 성적은 한 사람을 절대 규정할 수 없다.

오히려 공부는 스스로를 규정하는 일이다. 그 세상에선 자신을 탓할 것도 없고 좌절도 없고 포기도 없다. 공부는 오직 자신을 채우는 탐구의 시간이기 때문이다. 참, 내 결론은 머리가 나쁠수록 공부해야 하고 점점 머리가 좋아진다는 것인데, 말머리가 제대로 길을 갔는지 모르겠다.

어제 본 꽃이 오늘은 다르게 보인다

사람이 세상에 태어나 공부를 하지 않으면
사람다운 사람이 될 수 없다.

율곡 이이

천리 바깥을 더 보려고, 누각 한 층을 다시 오르네

'그럴 연(然)' 자는 내게 봄날의 깨달음을 주었다. 깊이에의 도전! 한문을 더 깊이 공부하고 싶은 욕망이 구체적인 목표가 되어가는 순간이었다.

가고 싶은 학교는 오래전부터 있었다. 교수진과 커리큘럼을 늘 부럽게 여기던 곳이다. 문제는 녹록치 않을 대학원 공부와 시간. 나이도 마음에 걸렸다. 이미 영문학 박사학위가 있는 나를 학교에서 받아줄지도 걱정이었다. 그러다가 결심을 굳힌 것은 방송대 중문학과 김성곤 교수님의 한시 특강을 듣고 나서였다.

교수님은 강의 시간에 중국 고전 명시를 소개하셨고, 왕지환(王之渙)의 시에 나오는 '갱상일층루(更上一層樓)'라는 구절을 붓으로 직접 써 오셨다. "욕궁천리목 갱상일층루(欲窮千里目 更上一層樓)"는 〈등관작루(登鸛雀樓)〉라는 시의 일부로 "천리 바깥을 더 보려고, 누각 한 층을 다시 오르네"라는 말이다. 보다 넓은 시야를 갖기 위해서는 학문의 단계를 높여야 한다는 뜻으로 해석할 수 있다. 운 좋게 그날 수업 후 교수님의 친필 휘호까지 받았는데, 두고 볼수록 한문 공부를 더 깊게 하라는 계시처럼 여겨졌다.

결국 그해 늦가을에 국문학과(한문학 전공) 석사과정에 입학원서를 냈고, 다행히 합격했다. 늦깎이 학생을 마다 않고 받아준 학교와 교수님들이 정말 고마웠다. 설레는 봄날, 나는 다시 책가방을 메고 정기적으로 등교를 하게 되었다. 기본 지식이 얕고 14년 만의 대학원 공부라 낯설고 어려운 점도 있었지만, 안암동 고갯길을 오르며 기분만은 '갱상일층루'인 듯했다.

그런데 재미있게도 입학 후 김언종 교수님의 제자 특강 수업을 듣는데, 왕지환의 〈등관작루〉가 나와 혼자 속으로 반갑던 일도 있다. 고심의 갈림길 전후에서 두 분의 왕지환 선생을 만난 기분이었고, 공부의 길잡이가 될 기분 좋은 예감이 들기도 했다.

공부는 작은 돌멩이를 하나씩 쌓는 것이며, 내 학문은 바닷가에 작은 돌무지를 쌓은 정도밖에 안 된다는 말씀에도 공감이 갔다. 나도 영문학 박사가 되면 영어의 모든 것을 알게 되는 줄 착각했었다. 그러나 막상 학위를 받고 보니 내 존재는 작은 파도에도 흔들리는, 모래톱의 나뭇조각에 불과하다는 생각이 들었기 때문이다.

자신의 학문적 초라함과 부족함을 느낄 때, 공부꾼들은 오히려 힘을 낸다. 위대한 공부꾼인 공자는 "아는 것을 안다고 하고 모르는 것을 모른다고 하는 것, 이것을 지혜라고 한다[知之爲知之, 不知爲不知, 是知也지지위지지 부지위부지 시지야]"고 했다. 아끼는 제자 자로(子路)에게 학문의 교만을 경계하고 겸손하라는 가르침이었지만, 자신이 무엇을 모르고 무엇을 해야 하는지를 아는 것이 공부의 시작이라는 뜻이기도 하다. 공부는 '모르는 것을 탐구하고 익히는' 행위다. 그래서 지금도 지구 곳곳의 학교나 도서관, 연구실과 자신의 방에서 '그 모르는 것의 비밀'을 캐기 위해 수많은 사람들이 공부하고 있다.

공부 본능을 깨워라

인류의 역사는 세상의 비밀을 발견한 공부꾼들이 만들어 놓은 지혜의 역사다. 인류를 '지혜로운 인간(호모 사피엔스)'이라고 부르는 이유이기도 하다.

인간이나 동물은 어떤 상황에 닥치면 싸울 것(Fight)인가, 도망칠 것(Flight)인가를 선택한다. 더 극심한 위협에 직면하면 얼어붙는 상태(Freeze)가 된다. 이러한 판단 능력이 원시시대의 인간은 동물과 별

차이가 없었다. 그러나 끊임없이 두뇌를 계발하고 기억하고 학습하며 자연을 탐구하고 개척해, 이를 극복하고 넘어섰다. 언어와 문자를 발명해 지식을 나누고 대를 건너 전파하는 수단도 마련했다.

호랑이가 송곳니와 근육을, 개미핥기가 뾰족하고 긴 혀를, 독수리가 눈과 날카로운 발톱을, 물고기가 지느러미를 개발해 진화한 것처럼, 인간은 두뇌를 계발하고 지식을 축적하는 것으로 생존하고 진화해왔다. 그것이 빙하기 때 추운 시베리아 지방에 함께 서식했던 매머드와 인간이 다른 길을 걸었던 이유다. 매머드의 두툼한 털과 가죽은 추위에 적응하기엔 인간보다 훨씬 나았지만 갑자기 더워진 날씨에 적응 못 하고 멸종했다. 인간은 바뀐 자연현상을 탐구하고 학습하며, 오히려 달라진 날씨를 이용해 살아남았다.

세상의 변화에 능동적으로 대응한 '위대한 생존자'의 가장 큰 무기는 두뇌였다. 더구나 개체가 획득한 지식과 지혜를 무리와 공유하고 대를 물려 전파하며, 이를 당대의 '사명과 의무감'으로 여겨 책과 학교 등 지식을 기록하거나 학습하는 도구와 기관, 제도를 만들기도 했다. 이를 공부라고 하며, 공부는 인류의 위대함을 말하는 단 하나의 도구라고 할 수 있다.

흔히 개인의 공부는 당대까지 쌓은 인류의 지식을 모두 습득하기 위한 노력이라고 한다. 지식을 매개로 한 인류의 진화 과정이 계통발생적(인류 전체 지식의 축적과 전달)이라면, 개체발생적(인류가 쌓은 지식에 개인이 도달하려는 노력)으로는 이를 익히는 것이다. 이런 과정은 선순환의 고리를 이어가며, 당대에도 서로에게 영향을 미치고 대를 거듭해 발전하고 있다.

이 과정에서 공부의 숨겨진 속성은 개체가 느끼는 '앎의 즐거움'이다. 탐구와 공부의 결과는 개체나 무리가 생존하고 발전하는 적절한 보상으로 작용하지만, 인간은 활동 자체만으로도 기쁨을 느끼는 존재로 진화해왔다.

"내가 과학적 탐구 활동에 몰두할 수 있었던 이유는 다름 아니라 자연의 신비를 이해하고자 하는 나 자신이 제어하기 힘든 갈망 때문이었으며, 공부의 가장 중요한 동기는 그 일이 주는 즐거움이어야 한다"라는 아인슈타인의 말에 함축된 것처럼, 인간은 호기심으로 탐구하고, 탐구의 결과로 생존에 유리한 것을 얻지만, 탐구 자체에서 특별한 만족을 얻도록 진화해왔다는 것이다. 즉 공부는 우리의 DNA에 새겨진 본능이다.

사소한 발견, 앎의 즐거움은 어디에나 있다

국문과 대학원에 적응하느라 정신없이 보내던 날, 오랜만에 방송대 학우와 함께 봉사활동을 나간 적이 있다. 그분은 관광학과 동기로 졸업 후 지금은 중문학과에 편입해 다니고 있다. 현재 동네에서 미장원을 경영하고 있는데 형편상 고등학교를 졸업하고 바로 직업전

선에 뛰어드셨다고 한다. 나이를 먹으며 일과 가정은 자리를 잡았지만, 자꾸 허탈한 마음이 들어 공부를 시작한 분이다.

무거운 물건을 나른 후였고, 초여름 더위를 피해 그분 집 마당의 그늘 밑에서 잠시 쉬기로 했다. 이런저런 대화를 나누다가 늘 그렇듯 공부 이야기가 나왔다. 그분은 늦게 공부를 시작한 만큼 처음엔 공부가 어렵고 힘들었지만, 시간이 지날수록 본인의 생각보다 훨씬 재미있고 보람차다고 했다. 졸업 후 대학원을 가고 싶지만 계속 미장원을 운영하면서 더 어려운 공부를 하는 게 가능할지 몰라 망설여진다는 것이다. 얼마 전 내 고민과 비슷한 것 같아 물었다.

"왜 그렇게 공부를 하고 싶으세요?"

그분은 염색약으로 거칠어진 손을 내밀며 이렇게 대답했다.

"저는 이 손이 나를 먹여 살린다고 생각했어요. 더없이 고마운 손이지만, 남에겐 보이기가 부끄럽더라고요."

인생 이야기가 나오자 분위기가 조금 진지해졌다. 남에게 손을 감추는 것은 아이가 학교 갈 무렵 생긴 버릇으로 어딜 가도 손부터 감추게 되었는데, 공부를 시작하면서 자신의 거친 손이 좋아지고 자랑스러워지기까지 했단다. 아마 자존감이 높아졌기 때문일 것이다. 공부와 자존감의 상관관계에는 수많은 이유가 있지만, 늦공부를 하는 방송대 학우들이라면 누구나 느끼는 공통적인 경험이기도 하다. 우선 학생이라는 신분은 참 묘한 매력을 갖고 있다. 괜히 가슴이 설레며 더 젊어진 것도 같고, 배운다는 사실만으로도 새삼 도전의식과 용기가 솟는다. 지식이 쌓이면서 지적 역량뿐 아니라 동시에 내면의 충만감도 함께 쌓인다. 학습이라는 두뇌 활동은 다른 사안에서도 원활하게 작용하여, 판단력을 높이고 창조적인 사고를 돕는다. 이런 것들은 자신의 정체성을 재정립하는 것으로 이어져, 자존감이 높아지는 공부의 부수적인 효과가 되기도 한다.

그분도 공부를 하면서 미용 기술이 더 발전했다고 한다. 자신이 공부한 관광학과 중문학은 미용과 아무 상관이 없지만, 세상과 다른 사람에 대한 이해와 아름다움을 보는 시각도 넓어졌다고 한다. 사고의 폭과 시야가 넓어지면 자연스레 통찰력도 생기게 마련이다. 박사님은 그런 경험이 더 많지 않냐고 반문하면서 "저기 있는 꽃 이름 아세요?"라고 물어 왔다.

울타리 가에 몇 가지 꽃들이 올망졸망 피었다. 패랭이꽃과 막 지고 있는 목련을 제외하곤 어디선가 본 것 같은데 이름은 알 수 없는 꽃들이었다.

"저기 노랗고 하얀 꽃은 인동덩굴이에요. 한 줄기에 두 가지 색이 피어 금은화라고 부르기도 해요. 모양도 예쁘지만 말려서 차로 마시는데, 감기와 해독에 정말 좋아요."

아, 저게 인동덩굴이구나. 지금은 돌아가셨지만, 모진 정치적 고난을 이기고 결국 우리나라 대통령이 된 분의 별칭으로 더 유명한 꽃을 이제야 제대로 알게 되었다. 꽃 핀 모습이 이름과 다르게 연약하고 가냘프다고 생각했다.

"저렇게 약해 보이지만 한겨울에도 잎이 파랗게 살아 있어 인동초(忍冬草)라네요. 이사 와서는 잡초인 줄 알고 뽑아버리려고 했는데, 알고 보니 저처럼 늘 목이 칼칼한 사람에게는 최고의 약이어서 늘 차로 마셔요."

그렇다. 알면 약초, 모르면 잡초다. 그간 우리가 늘 보면서 다 안다고 생각한 것 가운데 제대로 알고 난 후 새롭게 보이는 것들이 얼마나 많은가. 공부는 우주의 비밀을 풀거나 새로운 기계나 문명을 창조하기도 하지만, 이렇게 일상의 사소한 것들을 재발견하는 데 기쁨이 있는 것 아닐까?

이미 조선시대 당대의 문장가이자 그림에 일가견이 있던 유한준(兪漢雋, 1732~1811)은 이렇게 말했다.

"알면 곧 참으로 사랑하게 되고, 사랑하면 참으로 보게 되고, 볼 줄 알게 되면 모으게 되니, 그것은 한갓 모으는 것은 아니다[知則爲眞愛 愛則爲眞看지즉위진애 애즉위진간 看則畜之而非徒畜也간즉축지이비도축야]."

또 미국의 유명한 문화비평가이자 저널리스트인 톰 울프(Tom Wolfe)도 현대미술에 대해 "이 멍청아! '보는 것이 곧 아는 것'이 아니고 '아는 것이 곧 보는 것(Believing is seeing)'이야!"라고 일갈했다. 둘

다 그림에 대해 이야기한 것이지만, 공부와 다를 바 없다. 세상은 아는 만큼 보인다.

그날 그 학우는 다른 풀잎을 꺾어 나보고 손으로 비비고 냄새를 맡아보라고 했다. 이건 또 무슨 영약인가 싶어 따라 했더니, 식물에 이런 냄새가 있나 싶을 정도로 몸서리치게 비린내가 심했다. 깔깔 웃던 그분은 작년에 덖어놓은 그 풀이라며 봉지 가득 담아주었다. 물고기 비린내가 나서 이름은 어성초(魚腥草). 꽃이 예쁘진 않지만 차로 마시거나 욕조에 풀어 씻으면, 장 질환과 아토피, 피부병에 즉효다. 학우는 어성초에 녹차와 차조기라는 풀을 함께 섞어 알코올에 발효해 두피에 바르면 머리숱도 난다며 내 빈약한 머리를 힐끗 본다. 다른 건 귀에 안 들어오고 머리숱이란 말에 귀가 번쩍 뜨인다. 나도 또 하나를 공부하게 되었다.

어느 시인은 "내려갈 때 보았네 / 올라갈 때 보지 못한 / 그 꽃"(고은, 〈그 꽃〉 전문)이라고 했다. 공부꾼의 눈엔 어제 본 꽃이 오늘은 다르게 보인다.

공부는 나눌수록 커진다

우리는 일함으로 생계를 유지하지만
나눔으로 인생을 만들어간다.

윈스턴 처칠

나누는 공부의 즐거움

3년 전쯤 어느 일간지 기자와 인터뷰를 한 적이 있다. 방송대 재학생 몇 명을 대상으로 학교의 특징과 장점을 이야기하는 자리였다. 통계학을 의학에 접목해 과학적인 진료를 하는 현직 의사 학우, 방송대 프라임 칼리지를 통해 '선취업 후진학' 제도로 국내 대기업에 근무하는 젊은 학우와 함께였다.

당시 나는 "박사학위 취득 후 방송대에 입학해 지금 여섯 번째 학과에 재학 중이며, 여행과 문화, 그리고 동서양의 다양한 문학을 보다 깊고 풍부하게 익히는 기회가 되었다"는 취지의 말을 했다. 그리고 인터뷰 말미에 "내가 속한 성남시학습관에서 만난 학우들과의 스터디 모임이 부가적으로 얻은 소중한 인연이다"라고 했는데, 기자분은 그것에 더 많은 관심을 보였다.

스터디 모임은 지역 학우들이 함께 공부하는 모임으로, 과별·동아리별 등 다양하게 그룹을 만들어 함께 공부한다. 토론은 활기차고 질문은 날카로워 박사학위 심사를 받을 때처럼 긴장할 정도였지만, 참여 열기가 얼마나 뜨거웠던지 처음 참석한 내 어색함조차 녹아드는 분위기였다. 리포트나 자료 등 자신이 공부한 것과 학사정보를 아낌없이 나누고, 저마다 간식을 가져와 나누어 먹는 것도 특별한 풍경이었다. 초기라 대체로 초면인데도 그랬다.

공부는 혼자 하는 것으로 여겨왔고 한 교실의 동학들도 서로 약간의 경쟁심은 있게 마련인데, 이런 광경이 낯설면서도 마음 한구석이 넉넉해지곤 했다. 시간이 지나 내 직업이 영어 가르치는 일이라는 것이 알려지면서, 〈대학영어〉를 그분들께 강의하게 되었고, 나중엔 동서양의 고전 및 현대문학과 인문학 강의, 신입생을 위한 방송대 학습법까지 강의하게 되었다. 다행히 소문이 좋게 나서 전국 지역대학을 돌며 강의를 하기도 했다.

기자분은 기사 고정란 제목이 '맛있는 공부'인데, 방송대 분위기는 함께 '나눠 먹는 공부' 같다고 했다. 방송대 학업 수준이 높은 건 알았지만 학생들의 향학열과 분위기가 다른 학교보다 좋다는 말에 으쓱했다가, 나를 '봉사왕'이라고 불러 멋쩍고 민망해 그렇게 기사를 쓰면 인터뷰 없던 걸로 하겠다고 말했던 기억도 있다. 지금은 흔한 '재능 기부'라는 용어도 그때 처음 들었다.

나중에 나처럼 방송대 여섯 번째 학과를 다니면서, 요즘 통계학에 푹 빠져 셈으로 따지길 좋아하는 형은 내 재능 기부 강의 시간을 따져 14년간 약 2만 시간 강의했다는 데이터를 추출하기도 했다.

쓰다 보니 내 자랑인 것 같다. 자랑할 건 아니지만 자랑스럽긴 하다. 알량한 강의를 봉사랍시고 내세우는 게 아니라, 학우끼리 더 가까워지는 계기도 되었고 내 재능을 확인하고 나누는 공부의 즐거움을 깨닫는 계기였기 때문이다.

지식 나눔은 공부의 본질

인간의 생존과 진화의 조건과 특징이자 공부의 속성은 찾은 지식을 나누는 것이라고 앞에서 쓴 바 있다. 진화학자들의 말을 지나치게 단순화해 빌려 썼지만, 지식 나눔이 공부의 본질인 것은 분명하다. 공자가 제자들과 함께 세상을 주유하며 사색하고 질문하고 토론한 것, 소크라테스와 플라톤과 아리스토텔레스로 이어지는 학맥 등 스승과 제자와 동학들끼리 함께 답을 얻은 과정, 이를 기록하고 남긴 것 등을 보면 그렇다. 공부는 함께 나누면서 진리를 구하고, 함께 찾는 과정에서 더욱 선명한 진리에 다가서기 때문일 것이다.

나의 재능 기부 강의는 내게 보람을 주었을지언정 봉사나 베풂의 자족감 따위는 느껴본 적이 없다. 그것을 통해 오히려 내가 얻은 게 더 많다. 형의 통계로는, 강의를 한 번 하는 데 준비 시간이 약 일곱 배 정도 걸리며, 그 시간이 짧을수록 강의 내용이 빈약했다는 결과를 얻기도 했는데, 그 일곱 배만큼 저절로 내게 복습이 되었을 것이다. 또 수강생의 다양한 질문에 대비하기 위해 관련 사항을 사전에 살피다 보면, 나도 생경한 지식을 알게 되는 경우가 많다.

일본 관련 영어 지문이 나와 조금 더 쉽게 설명하려고 주변 지식을 찾다가 회사·철학·사회·공화국 등 서양 근대어를 처음 동양어로 번역한 일본식 번역에 궁금증을 느끼기도 했는데, 이는 나중에 내가 일본학과에 편입을 결심하는 이유 중의 하나가 되기도 했다. 특히 사람들이 영어를 어려워하는 이유를 구체적으로 깨달으며, 영어 강의 방식을 개선하는 계기가 되기도 했다.

방송대에 편입학하기 전 영어를 가르치면서 나는 단어 외우기 기술, 각종 품사나 문형의 핵심 구조, 다양한 활용형 등을 일목요연하게 잘 정리하고 폭넓은 주제로 강의한다는 평을 들었다. 그러나 스터디에서 학우들에게 강의하며 깨달은 것은, 외우기 기술이나 핵심 정리 이전에 학생들에게 외국어를 편하게 대하도록 유도하는 것이 강사의 태도로서 더 중요하다는 점이었다.

누구에게나 외국어는 어렵고 두렵다. 실은 나도 여행할 땐 그럭저력 괜찮은데, 세미나 등에서 외국인을 만나면 제대로 못 듣거나 발음 실수를 할까 봐 긴장을 한다. 당연히 외국어는 외국어일 뿐, 우리나라 사람이 잘하는 게 오히려 이상할 수도 있다. 외국어 수업 목표가 그 나라 말로 사고하고 꿈도 외국어로 꿀 정도까지가 아니라면, 강단에서 가르치고 배우는 것의 한계도 분명하다.

나라마다 문화가 다른 만큼 말 습관도 다르다. 엄마가 퇴근하는 딸에게 "지금 어디야(Where are you)?"라고 물으면 딸이 "가고 있어요"라고 대답하는 상황을 가정해보자. 우리말에서는 자기 기준으로 동작의 방향이 결정된다. 하지만 영어는 반대다. 그래서 딸은 "I'm going."이 아니라 "I'm coming."이라고 말해야 옳다. 상대방을 기준으로 보면 내가 그쪽 방향으로 오고 있기 때문이다. 그래서 나는 외국어와 우리말의 차이를 많이 설명하는 편이다. 자습을 할 때도 그 나라 말 습관의 기초인 품사나 문장 형식 등을 우리말과의 차이를 먼저 생각하면 이해가 쉽다고 조언한다. 물론 강의 대상의 수준에 따라 강조할 수업 내용을 달리하고, 시험을 앞둔 상태에선 정답 맞히는 요령도 강의한다.

강의를 통해 내가 얻은 것

영어든 다른 공부든 써먹으면 머릿속에 더 잘 저장된다는 것은 진리다. 내가 반복학습을 강조하지만, 더 중요한 것은 공부한 것 '인출하기'다. 한 번 저장한 기억은 시험이나 발표, 글이나 대화 등 어떤 형식으로든 가능하면 자주 꺼내 써야 오랫동안 뇌에 남는다. 이는 최근 인지심리학자들이 공통적으로 연구하고 발표한 주제이기도 하다. 그런 면에서 강의는 최고의 인출 방법이니 수업 준비와 피드백 과정에서 학생들보다 내가 받는 것이 더 많다고도 할 수 있다.

이런 효과는 나뿐만 아니라 나눔 공부를 하는 모든 스터디 모임 참가자들에게도 해당할 것이다. 발표와 정리, 대화와 토론을 통한 지식은 뇌 속에 더욱 깊이 각인되기 때문이다. 여럿이 모이면 문제점을 해결하는 데도 매우 유용하다. 컴퓨터로 치면 모두의 뇌를 연결해 사용함으로써 슈퍼컴퓨터 못지않은, 이른바 클라우드 시스템의 성능으로 업그레이드되는 것과 비슷하다.

그러나 스터디 모임이나 강의를 통해 내가 얻은 것 중 최고는 좋은 사람들을 만난 것이다. "세 사람이 길을 가면 그 가운데 반드시 나의 스승이 될 만한 사람이 있다[三人行必有我師삼인행필유아사]"는 공자님의 말씀처럼 모인 사람마다 다양한 경험과 재주가 있고, 한 가지 사실에 대해서도 제각각 다른 시각이 존재한다는 것을 알게 되면서 세상을 이해하는 안목이 넓어진 것도 사실이다.

알다시피 공부 자체를 좋아하고 파고드는 것만으로 학문의 깊이나 사람됨의 폭이 넓어지지는 않는다. 자신의 공부가 커지면 어느 순간 누군가에게 영향을 주게 되는 시점이 오는데, 그때 공부 나눔을 실천하다 보면 자기 내면의 어느 지점이 건드려지고 비로소 공부가 확장되는 것이 아닌가 싶다. 그것이 봉사라면 나는 앞으로도 절대 겸손하지 않고 적극적으로 나설 것 같다.

'키 필요 없습니다. 몸매 필요 없습니다!'

몇 년 전 특강을 하려고 어느 학교 계단을 올라가는데 벽에 붙어 있는 글귀가 눈에 띄었다. "봉사하겠다는 마음만 가지고 오세요!" 자세히 읽어보니 '심(心)봉사'라는 동아리 회원 모집 벽보였다. 눈을 뜬 서생 심학규가 심청이 마음으로 봉사를 하나? 강의시간이 다 돼 더 관심을 기울이진 못했지만, 배움의 공간에 학생들이 봉사단체를 만들고 마음이 먼저라니 흐뭇하면서도 재기발랄한 문구가 오래 기억에 남았다.

손목시계 열 개를 차고 있다고 시간이 열 배가 되는 건 아니다. 감히 내가 할 말은 아니지만, 지식의 궁극은 사람을 위하고 사람끼리 어울리기 위한 것 아닐까? 영악하게 자신의 성공만을 위해 공부를 써먹고 죽는다면 아깝지 않을까? 인간은 태어나면서부터 공부하는 존재라지만 한편으로는 누구나 죽음을 받아놓고 사는 존재이기도 하다. 심봉사 학생들은 살아 있는 한, 마음을 먼저 내면 된다는데…….

유희의 끝은 공부다

하루하루 전력을 다하지 않고는 그날의 보람은 없을 것이며,
동시에 최후의 목표에 능히 도달하지 못할 것이다.

요한 볼프강 폰 괴테

나이 상관없는 인생 최고의 유희

"아이큐 두 자리에 학위 아홉 개!"

나의 지인이 어느 독서 모임에서 나를 소개하며 한 말이다.

"그나마 두 자리조차 100에서 그리 가깝지도 않습니다."

내 대답을 사람들은 농담쯤으로 여긴다. 내가 박사 외에 다양한 학위가 있으니, 나를 팔자 좋은 사람으로 보거나 인간 승리의 주인공으로 여기는 경향도 있다. 또 이야기를 나누다 보면 왜 그렇게 평생 공부를 하느냐, 다양한 학과를 공부하고 석·박사학위도 받았는데 어떤 공부가 제일 재미있느냐 등의 질문도 많이 받는다.

돌아보면 내 공부는 그분들의 독서와 비슷하다. 진정한 독서는 시간이 남아돌아 읽는 게 아니라 의지를 갖고 시간과 노력을 들이며, 대가가 주어지지 않지만 그 자체로 만족과 즐거움을 얻는다. 마찬가지로 공부에도 넓이와 깊이, 분야에 상관없이 행위 자체만으로도 본연의 재미와 즐거움이 있다. 어린 시절에 강요된 독서 때문에 오히려 독서 본연의 즐거움을 잃고 지금도 책이라면 진저리를 치는 사람이 많은 것처럼, 공부에 대한 우리의 태도와 인식도 거기에 머물러 있어 나를 별종으로까지 여기는 것 아닌가 싶기도 하다.

그 모임은 다양한 직업군이 모였지만 책 읽는 모임인 만큼 토론도 활발하고 유연한 사고를 가진 분들이 많았다. 그래서인지 다행히 나를 별종보다는 공통분모가 많은, 뜻이 잘 통하는 사람으로 대해주었다. 특히 '독서든 공부든 나이 상관없는 인생 최고의 유희이며, 우연히 깨달은 즐거움의 재발견'이란 것에 대동단결! 틈틈이 술잔을 부딪는 즐거움도 나누었다.

그날 독서 토론의 주제는 진화론이었는데, 다윈을 거쳐 조너선 밸컴과 리처드 도킨스까지를 아우르며 다양한 이야기를 나누었다. 창조론과 진화론을 놓고 논쟁이 벌어지기도 했는데, 전혀 준비 없이 간 나도 많은 것을 배울 수 있었다. 그중 인간의 지식 습득은 생존을 위한 가장 중요한 수단으로, 호기심과 앎의 의지는 DNA에 새겨 있어, 그 욕구가 강할수록 생존에 유리하고 개체의 성공적인 삶도 보장된다. 그러므로 공부하는 개인이 우월한 생존 조건을 누리는 것도 진화의 결과다. 그런데 그 지식을 습득하는 과정이 '유희'이며 진화의 결과라는 말이 흥미로웠다. 알려진 것보다 동물들은 '먹고 번식하는' 일차적인 생존을 도모하는 것 이상의 '즐거움'을 찾는 것도 소홀히 하지 않으며 진화해왔다고 한다.

앞에 언급한 밸컴에 의하면 고양이는 햇볕 쬐기를 하고, 암수 까마귀는 서로 깃털을 고르며, 개는 공을 갖고 놀면서 기쁨을 누린다. 비단 이 동물들만 그러는 것이 아니라 참새, 곰치, 심지어 청개구리도 즐거움을 추구한다. 이런 활동이 엔도르핀 같은 스트레스 감소 물질 분비를 촉진시켜 행복의 감정을 느끼게 하는 것이다. 자연은 생존을 위한 처절한 몸부림만은 아니며, 더 잘 살아남을 수 있는 동물들의 행동에 대해 즐거움으로 보상하며, 그것으로 생존 스트레스도 해소하도록 한다. 즉 인간의 앎의 즐거움도 생존을 위한 유희의 일종이다.

토론이 막바지에 이르며 막걸리 잔을 드는 횟수가 잦아졌다. 술을 좋아하는 이들이 '조용하고 맛있고 싼 술집을 찾아내는 것'처럼 지식 습득은 어떤 것이든 아는 만큼 생존에 유리하다. 그리고 '과정에 즐거움과 행복감을 주는 것' 또한 개체의 성공적인 삶을 돕는 진화의 결과라니 "우리는 매우 바람직한 진화적 인간의 모임"이라며 다같이 건배를 했다. 유쾌한 자리였고, 평소 공부에 대한 내 지론과 흡사한 결론을 얻어 더욱 의미가 있었다. 적자생존(適者生存)에서 낙자(樂者)생존으로의 확인이랄까? 호모 쿵푸스(Homo Kungfus, 공부하는 인간)가 호모 루덴스(Homo Ludens, 유희하는 인간)와 일치하는 기분이랄까? 지금 이 자리에서 막걸리 잔을 넘어 대화만으로도 '앎의 즐거움'을 실현하는 것 또한 인간 생존활동의 유희가 아닌가 싶다.

그때의 참치 맛은 잊었지만

예전 영문학 석사과정에 나이로 삼촌뻘인 동기가 들어온 적이 있다. 나는 성격이 수줍은 편인 데다 어리바리했고 그분은 학우들보다 나이가 많아 어색해했다. 요즘 말로 '아싸(아웃사이더)'끼리 친해져서 나는 그분을 형님이라고 불렀다.

이미 사회적으로 꽤 성공했고 여유도 있는 분이었는데, 그가 대학원에 온 이유가 흥미로웠다. '잘 노는 놈이 일도 잘한다'는 신념으로 일은 물론, 온갖 잡기와 취미생활도 게을리 하지 않았다고 한다. 볼링과 골프·승마·요트, 하다못해 춤까지 배웠는데, 모두 시작할 때만 반짝 재미있을 뿐 곧 시들해졌다고 한다. '즐거운데 허탈한' 그 모순된 감정이 괴로웠다는 것이다. 그런데 우연히 시작한 공부는 심취할수록 재미가 깊어지고 내면의 울림이 있는 인간 최고의 유희이자 놀이 같다는 것이다.

그 형님이 사주는 회를 먹으며, 촌놈이 처음 맛보는 참치 살에 매혹된 터라 내면·울림·유희 같은 단어는 귀에 들어오지 않았지만, 독특한 공부관에 대한 막연한 존경심은 있었다. 내가 그 형님의 나이를 훨씬 넘어선 지금, 그때의 참치 맛은 잊었어도 그 말은 오히려 생생해지는 순간이 있다.

그런데 공부가 즐거운 유희라니? 공자님이 "때때로 배우고 익히면 즐겁지 아니한가?"라고 하시면 공감이 되든 안 되든 그럴싸한데, 내가 이런 말을 하면 턱도 없는 소리 하지 말라며 눈 흘김을 당하기 십상이다. 실제로 공부는 즐겁기 이전에 어렵고 힘든 일이기 때문이다. 나도 전적으로 동의한다.

의식적으로 뇌를 자극하는 데는 상당한 에너지가 필요하므로 웬만한 근육노동 이상의 고통과 괴로움을 참아내야 한다. 이를 쉬지 않고 꾸준히 반복해야 성과가 있다. 그나마 시간이 지나면 축적했던 게 사라지는 이상한 저축이다. 그러니 공부가 즐겁다고 진화를 들먹이고 공자님 말씀을 끌어다 쓴들 누가 이해하고 공감하겠는가.

특히 우리 사회에서 공부는 처음 대하는 어린 나이부터 '이기고 살아남기' 위한 수단이자 참고 견뎌야 할 통과의례로 먼저 각인되기 때문에, 일단 부담스러운 존재다. 나도 한때 싸울 듯 공부한 적이 있고, 지금도 공부가 마냥 즐겁거나 행복한 것만은 아니다. 단지 박사 공부를 마칠 때쯤인가 공부가 생각보다 어려운 것이고, 그 어려움을 극복하는 것이 공부의 즐거움이란 것을 비로소 알았다고나 할까.

그 즐거움에서 당장 자격증이나 성적, 합격 여부를 가늠하는 것 이상의 가치를 느낀 것도 '머리 나쁜' 사람답게 늦게 깨달았던 것 같다. 어떤 공부든 시간이 지나면 내면의 성장에 도움이 된다는 것은 요즘에야 깨달은 것이기도 하다. 그래서 내 공부의 즐거움은 '삶의 가치를 찾기 위한 스스로의 노력에서 얻는 기쁨'이라고 나름 결론지었다.

플레저(pleasure)와 주이상스(jouissance)

즐거움을 나타내는 용어로 플레저(pleasure)와 주이상스(jouissance)가 있다. 플레저는 운동과 게임 등 단순한 만큼 제한된 즐거움을 의미한다. 주이상스는 압박 속의 쾌락을 누리는 장기적이고 지속적인 즐거움을 나타낼 때 쓴다.

"유레카(Eureka, 맞다. 그거야!)"를 외쳤던 아르키메데스가 느낀 발견의 기쁨이 주이상스라면, 내일 시험을 앞둔 학생이 지금 재미있는 드라마에 빠져 재미를 느끼는 것은 플레저(pleasure)다. 그 학생은 당장 즐겁기는 하지만 자신이 해야 할 일과 행동이 어긋나 혼란스러울 것이다. 즐기는데 즐겁지만은 않은 그 시간은 아노미(anomie)적 여

가라고 할 수 있다.

한편 아르키메데스의 유레카는 삶과 죽음의 경계를 오가는 진정한 발견의 '주이상스'였다. 우리는 그가 목욕탕에서 발가벗고 거리로 뛰쳐나간 일화만 기억하지만, 그는 당대 최고의 물리학자였다. 문제를 못 풀면 왕이 목숨을 거두겠다고 위협하는 상황에서도 자신이 살고 죽는 것보다 그 문제를 해결하는 데에만 몰두하여 그 유명한 아르키메데스의 원리를 발견해낸 것이다.

몰입의 즐거움

미국의 심리학자 칙센트미하이(Mihaly Csikszentmihalyi)는 그의 저서《몰입의 즐거움》에서 지금 하고 있는 일의 몰입 정도에 따라 성과가 달라지며, 나아가 몰입 자체로 삶이 달라질 수 있다고 말한다. 공부도 이와 마찬가지다. '몰입(flow)'이란 삶이 고조되는 순간에 물 흐르듯 행동이 자연스럽게 이루어지는 느낌을 일컫는다. 칙센트미하이는 학자답게 과학적이고 구체적으로 분석한 자료들을 토대로 우리의 인생에서 일과 놀이가 어떤 영향을 미치는지를 분석한 다음, 자기만족을 위해서는 집중력, 즉 몰입이 필요하다고 강조한다. 나아가 몰입은 세상을 바꾸는 계기가 된다고 주장한다.

칙센트미하이에 의하면 몰입의 조건은 일곱 가지다. ① 분명한 목표 갖기, ② 자신을 평가할 수 있는 능력(내가 어느 정도 잘하고 있는지를 아는 것), ③ 도전과 능력이 균형을 이룰 것, ④ 행위와 인식의 일치, ⑤ 집중하기 위해 방해받는 것 피하기, ⑥ 자기 자신과 시간, 그리고 주변 잊기, ⑦ 경험 자체가 목적이 될 것.

또한 "가장 중요한 것은 결과가 아니라 과정임을 아는 것"이라고 강조한다. 일곱 가지 조건 모두 공부를 설명하는 데에도 더할 나위 없다. 내 경험에 의하면 이런 공부는 성과도 크다. 신기하게도 머리가 좋든 나쁘든, 인간의 능력은 무한대라는 것을 경험하기도 한다.

사는 동안 무언가에 빠져든다면

박사 논문을 쓸 무렵, 어쩌다 보니 제법 잘 나가는 토플, 토익 강사 중의 한 명이 되어 있었다. 강의와 수강생이 점점 늘면서 강의를 소홀히 할 수도 없고, 논문도 써야 해서 그야말로 하루 서너 시간도 못 자는 날이 이어졌다. 지하철에서 자료를 보느라 정류장을 지나치기는 예사고, 수강생들이 웃는 기척에 내 발을 보면 구두를 짝짝이로 신고 온 날도 허다했다. 그게 부끄럽기는커녕 나도 우스워 같이 웃곤 했다. 부족한 시간 속에 몰입한 자신에 대한 만족감이랄까, 이상하게도 희열이 솟았다.

논문 제출일자가 다가와도 조금 일찍 시작하지 못한 것에 대한 아쉬움은 있었지만 초조한 감정도 들지 않았다. 강의가 빌 때마다 도서관엘 갔다. 늦은 밤까지 자료를 열람하면 희한하게 손대는 곳마다 샐린저와 벨로우, 도연명이 있었다(내 박사 논문 제목은 〈샐린저와 벨로우의 작품과 도연명의 작품 비교 연구〉이다). 덕분에 예상보다 어렵지 않게 박사 논문이 통과되었다.

나중에 교수님께 이런 얘기를 했더니, 내가 신통력을 부린 게 아니라 공부에 집중하면 자신도 모르게 자료의 갈래를 익히게 되고, 학문의 시야가 트여 통밥도 생긴다는 것이다. 박사는 깊고 작은 주제를 연구하지만 전체를 봐야 깊이도 보인다며, 심사(深士)가 아니라 박사(博士)로 부르는 이유라고 하셨다. 그 시절 공부를 마치고 도서관 모퉁이에서 마시던 자판기 커피는 정말 달콤했다. 자판기 커피 맛이야 거기서 거기니 아마 몰입의 맛이 아닌가 싶다.

《논어》에 나오는 "지지자불여호지자, 호지자불여락지자(知之者不如好之者, 好之者不如樂之者)" 즉 "아는 사람은 좋아하는 사람만 못하고, 좋아하는 사람은 즐기는 사람만 못하다"라는 말도 이와 같은 뜻이다. 공부는 본래 어렵고 힘들지만, 싸울 대상은 아니다.

마크 트웨인의 《톰 소여의 모험》에서 말썽을 피운 주인공 톰에게 이모는 벌로 담장 페인트칠을 시킨다. 톰은 이 일이 싫지만, 짐짓 친구들을 꾀려고 그림을 그리면서 즐거운 척 페인트칠을 한다. 그러자 친구들은 먹을 것을 주면서까지 톰에게 페인트칠을 하게 해달라고 조른다.

어른도 사안을 어떻게 받아들이냐에 따라 벌이 되고 놀이가 되는 묘한 경험은 누구나 한 번쯤 겪어본 적이 있을 것이다. 공부든 일이든, 사는 동안 무언가에 빠져드는 것만으로도 최소한 그 시간만큼의 열정과 행복을 얻을 수 있다.

무심히 공부하니
무심히 얻어진 것들

뜨거운 열정보다 중요한 것은
지속적인 열정이다.

마크 저커버그

책장을 정리하며

모처럼 한가한 가을날, 책장 정리를 시작했다. 이사 온 지 삼 년이 지났지만, 아직 개봉조차 못한 책 박스를 거실로 꺼내어 하나씩 풀어보기로 했다. 시작은 했는데 족히 열 박스는 돼 보이는 책을 도대체 어느 책장에 꼽을지 난감했다.

"웬만한 건 쫌 버려. 오늘 또 새 책장을 사면 당신 밥상은 앞으로 거기가 될 거야!"

출근길 현관에서 아내는 다시 한 번 다짐을 준다. 나는 고분고분 고개를 주억거리며, 공손하게 배웅한다.

오래전부터 아내가 책 정리 안 하면 고물상 불러 직접 처리하겠다고, 나를 윽박지르는 것도 지극히 당연하다. 벌써 몇 번의 시한을 넘기고, 최후통첩의 그날이 바로 오늘이다. 아내의 지엄한 명령을 순순히 받드는 것은 내가 순하고, 착하고, 아내 말이라면 끔찍이 받드는 좋은 남편이기 때문이지만(아내가 동의할지는 '전혀 모름'), 우리 집 책은 내가 봐도 문제가 많다.

처음 이사 왔을 때 이 집은 우리 식구가 살기에 조금 넓은 편이었는데, 차츰 좁아지는 기이한 현상이 발생했다. 원인은 바로 계속 쌓이는 내 책과 책장 때문이었다. 이사 오기 전 아내의 다짐과 내 합리적 고심으로 꽤 많은 책을 버렸었다. 그러나 새집에 살면서도 책은 갈수록 늘어나고 그때마다 새로 책장을 들여오곤 했다. 책장은 산술급수적으로 늘어나는 데 비해 책은 기하급수적으로 느는, 맬서스(Thomas Robert Malthus)의 인구예측 같은 현상이 이어졌다. 급기야 온 방이 책장으로 가득 차고, 밤에 거실을 나서다가 책을 밟고 미끄러지거나 다친 적도 있으니 아내의 푸념은 지당하고도 지당하다.

박스에서 책을 꺼내놓고 보니 문득 반갑다. 내가 여러 학과를 전전하다 보니 책 종류도 정말 다양하다. 이 책 저 책을 뒤적이며 내가 공부한 흔적을 보는 재미가 쏠쏠하다. 밑줄도 여러 곳에 그어 놓았는데 도무지 처음 보는 것 같은 대목도 있다. 역시 나는 머리가 나쁘다.

그러나 이럴 때가 아니다. 이러다가 책 정리에 실패한 경우가 어디 한두 번이었던가. 일단 버릴 책과 남길 책을 구분하고, 남길 책은 전공과 분야별로 분류한다. 논문과 참고자료 이외의 책은 당대의 공부꾼이며, 철학자이자 교육자인 존 듀이(John Dewey) 선생의 십진분류법으로 나눠 거실 벽에 기대어 놓고, 사서 안 읽은 책은 따로 빼놓는다.

사놓고 안 읽은 책이 꽤나 많다. 같은 책이 두 권인 것도 있다. 산 걸 잊어 또 산 책이다. 심지어 같은 책이 세 권인 경우도 있다. 역시 나는 머리가 나쁘다. 아내의 어처구니없어하는 표정이 떠올라 얼른 가방에 넣는다. 이런 책은 주변에 신속히 분양한다.

그러고 보면 나는 독서가가 아니라 수집가다. 두보의 시에 '남아수독오거서(男兒須讀五車書)'라는 말이 있다. 모름지기 남자라면 평생 다섯 수레 분량의 책을 읽어야 한다는 것이다. 실은 이 말은 그 전에 장자가 그의 공부 친구 혜시(惠施)의 엄청난 책장을 보고 부러워서 했던 말을 두보가 빌려 쓰면서 시대를 넘는 유행어가 되었다. 그렇다면 나는 '남아수집오거서(男兒須集五車書)'다. 그래도 박스를 뛰쳐나와 창문을 넘어온 가을볕을 쬐는 책더미를 보니 흐뭇하다.

저렇게 기하급수적으로 늘어나는 게 돈이라면 얼마나 좋을까, 라는 생각을 한다. 아니지, 모두 돈을 주고 산 것이니 돈인 것은 맞다. 그럼 저만큼 사기 위해 나는 얼마나 돈을 썼을까를 계산해본다. 어림잡은 평균 책값 곱하기 총 권수는, 단순 계산해도 억대가 넘는다.

책값에 쓴 돈을 계산하니 그간 내가 꽤 돈을 벌었다, 라는 생각도 든다. 실은 많은 사람들이 내 돈을 걱정한다. 오랜만에 만난 사람일수록, 나를 아끼는 사람일수록 그렇다. 서로의 안부와 근황 속에 내 공부 이야기를 흥미롭게 듣고 공부 관련된 자신의 관심 분야에 대해 질문하고 화기애애하다가도, 자리를 파할 즈음이면 걱정스레 묻는다. 완곡하나마 질문의 요지는 대체로 비슷하다. 네가 평생 공부만 해도 즐겁다니, 너를 보는 나도 즐겁다. 그런데 그렇게 공부해서 뭐 될 거니, 지금은 뭐 먹고 사니……. 내 대답은 "여전히 나 잘 먹고 잘 산다"이다.

공부만 해도 잘 먹고삽니다

첫 석사과정 재학 중 영어강사로 사회에 첫발을 디뎠다. 시간을 쪼개 학업을 계속할 수 있으니 내게 가장 적당한 직업이었다. 중고등학생도 가르치고, 직장인을 상대로 토플, 토익 강의도 했다. 제법 이름이 나 수입도 꽤 괜찮았다.

그런데 수입은 둘째 치고 무척 재미있었다. 강의실의 열기 때문이었을까. 목적이 입시든 점수든, 아니면 학문 자체를 즐기든, 수강생과 공부를 놓고 마주 앉는 게 기대 이상으로 즐거웠다. 내성적인 성격도 강단에 올라 분필과 마커펜만 들면 돌변했다. 별명도 많이 얻었다. 호빵맨(얼굴이 크고 동그래서), 혀에 모터(워낙 말이 빨라서), 선생할까 남편 할까(여학생이), 워터맨/우산총각(침을 튀겨서) 등. 학생들의 팬레터를 하루에 다 읽지 못할 정도로 많이 받은 적도 있다.

공부 외엔 돈 쓸 데도 별로 없고, 차곡차곡 모았다. 결혼해 둘이 벌면서 집도 샀다. 재테크 방면으로는 아내도 재능이 없어 돈을 굴릴 줄 몰랐다. 공부하기 좋은 곳에 집을 샀더니 재개발이 되고, 수도권 아파트로 이사했더니 여느 집처럼 집값이 올랐다. 운이 좋았지만 돈에 머리를 굴리지 않았던 이유도 한몫했다고 생각한다.

지금도 번역과 강의를 하면서 쓸 만큼은 돈이 들어온다. 물론 내가 공부하는 것 말고는 쓰는 돈이 거의 없기 때문이다. 사람들이 나를 걱정하고 앞으로의 계획을 묻는 것은 내가 공부로 더 돈을 벌거나 명예라도 얻길 바라는 마음에서일 것이다. 그러나 나는 지금의 생활에 아주 만족하며 잘 살고 있다. 반대로 내가 팔자 편하고 운이 좋다고 여기는 사람의 평가에도 대체로 수긍한다.

그렇다고 내가 돈에 관심이 없거나 세상일에 초연해 해탈의 경지에 이른 것은 절대 아니다. 저렇게 읽을 책더미를 바라보고 있으면 항상 뿌듯하고 돈을 가졌을 때보다 훨씬 부자가 된 기분을 느끼는 것뿐이다. 모자라는 사람이라고 해도 할 말 없다. 더구나 책을 사놓고 읽지도 않으면서 쌓아둔 것만으로도 행복하다니, 내가 봐도 똑똑한 사람은 아닌 것 같다.

주식은 밥입니다

나도 한때 돈을 쫓았던 적이 있다. 온 나라에 주식(stock) 열풍이 불 때였다. 주식 투자는 점포를 차려야 하는 장사도 아니고, 누구를 설득해야 하는 일도 아니어서 내 적성에 맞을 것 같았다. 많은 시간을 들일 필요도 없고, 투자도 공부하면 더 잘할 수 있다는 말에 시작하게 되었다.

주식 공부는 재미있었다. 다각적으로 정보를 분석하고, 조합해 예측하는 것도 흥미로웠다. 그러나 결론부터 말하자면 망했다. 내가 산 주식이 황소가 아래서 위로 뿔을 받듯 올라가길 원했지만(bull market), 자꾸 아래로 후려치는 곰처럼(bear market) 주가가 내려갔다. 사면 내려가고 팔면 올라갔다. 고려 때의 문신 이규보의 시가 생각났다.

雨霪多是出遊日(우음다시출유일)

天霽皆吾閑坐時(천제개오한좌시)

腹飽輟飡逢美肉(복포철손봉고육)

喉瘡忌飮遇深巵(후창기음우심치)

儲珍賤售市高價(저진천수시고가)

宿疾方痊隣有醫(숙질방전린유의)

놀러가면 대개 장맛비가 오고
한가하게 앉아 있으면 항상 날씨가 맑다.
포식하고 밥을 물리면 고깃국이 나오고
목구멍에 병이 나면 술이 많이 들어온다.
좋은 물건 싸게 팔고 나면 시장 가격이 오르고
오랜 병을 고친 뒤 이웃 마을에 훌륭한 의사가 이사 온다.

그는 '천하불여의사 십상팔구(天下不如意事 十常八九)'라고 했다. 천하에 '뜻대로 이루어지는 일은 없다'는 뜻이다. 내가 산 주식이 딱 그 꼴이었다. 함께 투자를 시작한 형은 돈을 버는데 나는 잃기만 했다. 분석은 같이 하는데 왜 수익 차이가 나는지 원인을 따져보니, '타이밍' 때문이었다. 강의하랴 공부하랴, 매도 매수의 적기를 잃었다. 바로 모든 주식에서 손을 뗐다. 무엇보다 그래프를 보고 조바심 치느라 공부에 집중할 수가 없었다.

꽤 손해를 봤지만 그냥 내 주제를 알고 내가 좋아하는 것, 행복한 것을 찾는 게 최고라는 생각이 들었다. 무심히 공부하니 공부도 내게 많은 것들을 베풀어주지 않았던가. 거기에 만족하리라. 안 읽은 책을 보고도 흐뭇하고 평안한 마음이 든다면 내가 찾는 행복은 그것이라고 생각했다.

이규보는 위의 시에서 인생의 어떤 일이든 일희일비하지 말 것을 말했다. 모든 공부꾼들이 경험한 것처럼, 나도 공부하는 그 순간만큼은 평안하다. 어떤 구속도 받지 않고 오로지 나만의 시간을 가지면, 마치 대숲에 앉아 있는 것 같은 느낌이 든다. 한 번뿐인 인생, 쓸데없이 사서 근심하느니 이렇게 살면 됐다. 이후 누가 주식 안 하냐고 물으면 "내 주식은 밥!"이라고 대답한다.

모, 벼, 쌀, 밥은 모두 영어로 라이스(rice)다. 하지만 쌀이 주식인 동양에서는 모, 벼, 쌀, 밥 등을 구분한다. 한자로 '쌀 미(米)' 자는 벼에 붙어 있는 쌀을 형상화한 글자인데, 분해하면 '여덟 팔(八)' 자 두 개에 '열 십(十)' 자가 결합되어 있다. 볍씨는 우리 밥상에 오르기까지 농부의 손길을 88번 거친다고 한다. 공부도 농사를 짓는 마음으로 꾸준히 해야 무언가를 이룰 수 있다. 집밥이 맛있는 것은 농부의 수고를 넘어 가족의 사랑이 담겨 있기 때문이다. 나는 영문학을 전공한 덕분에 같은 영문학 전공인 아내를 만나 소중한 가정을 꾸렸다. 공부를 통해 수많은 좋은 인연들을 만나 지금까지 더불어 산다. 그리고 소박하지만 먹고산다.

사회학자 피에르 부르디외(Pierre Bourdieu)는 1980년대 그의 저작 《자본의 형태》에서 사회적 권력과 불평등을 결정짓는 세 종류의 자본이 있다고 했다. 소득과 소유권으로 이해되는 '경제자본', 사람들과의 연결을 지칭하는 '사회자본', 교육·문화적 대상·학위로 이해되는 '문화자본'. 그의 사회에 대한 날카로운 비평과는 별개로 나는 세 가지에 모두 만족하는 사람으로, 어쩌면 이미 충분한 부자가 아닌가 싶다.

참, 두보의 시에 나오는 '남아수독오거서'의 앞 구절은 '부귀필종근고득(富貴必從勤苦得)'이다. 두 구절을 합치면 "부귀는 반드시 애써 노력하는 데서 어렵게 얻는 것이며, 남자라면 모름지기 다섯 수레의 책은 읽어야 한다[富貴必從勤苦得 男兒須讀五車書]."이다. 두보의 시대는 남자만 출사하던 때라 '남아'를 지칭했지만 지금은 남녀 차별 없이 성공과 공부를 구하는 시대다. 그러므로 이 말은 요즘 시대에 맞춰 "사람이 부와 성공을 바란다면 어렵더라도 모름지기 다섯 수레의 책을 읽어야 한다"는 말로 바꿔 마음에 담을 수도 있다.

그러니 행복한 사람은 앞으로 읽을 책을 잔뜩 쌓아두고 여유를 부리는 사람 아니겠는가. 야금야금 책장을 넘기며 포만감에 취할 수 있으니 말이다. 이런저런 생각으로 한가롭게 여유를 부리다가 퍼뜩 정신이 든다. 아내가 오기 전, 거실에 펴질러놓은 이 많은 부를 도대체 어디에 꽂아야 하나?

어느 날 성현이 내 귀에 속삭였다

내일은 우리가
어제로부터 무언가 배웠길 바란다.

존 웨인

고전에서 얻는 인생처방전

노자를 처음 안 것은 고등학교 때다. 여느 학생처럼 수업 시간에 듣고, '다음 중 노자가 주장한 것이 아닌 것은?' 따위의 시험 문제를 풀면서 알게 된 인물인데, 그중 '무위자연(無爲自然)'이란 말에 끌렸다.

무위자연이란 '자연에 순응하고 걸림이 없이 산다'는 뜻 정도로 이해했는데, 왠지 멋있어 보였다. 마치 서부의 사나이가 악당을 모두 해치운 후, 돈과 여인과 보안관 배지도 마다하고 총 한 자루만 챙겨 홀연히 길을 떠나는 방랑자 같은 모습이랄까. 공맹이 꼬장꼬장한 선생님 같다면, 노자는 초연한 해탈승 같은 느낌이었다.

그러다가 대학 때 영문과를 다니면서, 동양 고전 하나쯤은 읽어야 된다는 생각에 《도덕경》을 손에 들었다. 첫 구절부터 난감했다. "도가도비상도 명가명비상명(道可道非常道 名可名非常名), 도를 말하는 순간 더 이상 도가 아니며 이름 지어도 그 이름이 아니다."

뭔 소리지? 해설을 읽어보니 "세상은 늘 변하기 때문에 절대 진리도 영원한 것도 없다"쯤이다. 조금 더 이해는 되었지만 "무명천지지시 유명만물지모(無名天地之始 有名萬物之母), 이름이 없는 것이 천지의 시초이고 이름이 있는 것은 만물의 어머니이다"로 넘어가면서, 알쏭달쏭한 것은 여전했다.

천지창조설인가? 색즉시공과 같은 뜻인가? 글자는 읽히는데 뜻은 오리무중이었다. 겨우 생각나는 게 김춘수의 시, "내가 그의 이름을 불러주었을 때 그는 나에게로 와서 꽃이 되었다"라는 구절이었다. 그나마 그 시를 연애시로 읽지 않고, 존재론·관계론 어쩌고를 《도덕경》에 갖다 붙인 것만으로도 훌륭한 대학 신입생이었다고나 할까.

일단 시작한 거니 오천 자로 된 책을 끝까지 읽긴 했지만, 뒷장을 덮으며 마치 여백을 읽은 느낌이었다. 아직 세상 경험이 적고 삶에 미숙한 스무 살 청년에겐 너무 어려운 책이었다. 머릿속에 남은 것이 없었다. 그럼에도 한참 시간이 지나 읽은 사실조차 잊었는데, 어느 순간 노자의 말씀이 불쑥 튀어나오는 이상한 경험을 했다.

선생이 되어 처음 대학에서 강의를 시작했을 때, 이런저런 어려움에 부딪혔다. 직업윤리와 능력만으로 해결할 수 없는 순간이 참 많았고, 선생으로 최선을 다하는 것과 인정받는 것은 달랐다. 내가 부족하게 느껴지기도 하고, 가치관의 충돌이 올 땐 견디기가 어려웠다. 그때 노자의 말이 새록새록 다가왔다.

"구부리면 온전할 수 있다[曲則全곡즉전]."

"만족할 줄 안다면. 곤욕을 당하지 않을 것이고, 그칠 줄 안다면 위태로운 불행에 빠지지 않을 것이다[故知足 不辱 知止不殆고지족 불욕 지지불태]."

"공을 세운 뒤에는 물러나는 것이 하늘의 도다[功遂身退 天之道공수신퇴 천지도]."

구구절절 마치 노자가 내 상황을 다 지켜본 것처럼 말씀이 다가왔다.

아버지께서 사기를 당한 적이 있다. 그 여파로 내 집까지 날아갈 뻔한 사건을 겪을 때에도 노자의 말이 많은 도움이 되었다.

"믿음직스러운 말은 아름답지 않고 아름다운 말은 믿음직스럽지 않다[信言不美 美言不信신언불미 미언불신]."

사건을 해결하는 과정에서 인생을 많이 배운 계기이기도 했다. 내가 모르던 세상이었지만 법전을 공부하고 사람을 만나다 보니,

문제의 핵심이 서서히 드러났다. 아버지의 욕심이라면 사업을 확장하려는 것 하나였는데, 동료 한 분이 교묘히 파고들어 이익을 챙기려 한 것이다. 놀랍게도 그는 아버지와 아주 친한 사람이었다. 실망과 당혹감이 컸지만, 반대로 내 일처럼 사건 해결에 앞장서주고 모르는 분인데도 '사회정의' 차원에서 도와주는 좋은 분들도 있었다. 사실 이분들은 내 형의 방송대 학우나 지인이었다. 장남인 형이 앞장서고 나는 보조 정도를 하면서 해결한 일이었지만, 그 과정에서 나는 큰 세상공부를 했다. 상처도 받고 사람도 얻으며, 성현들의 말씀을 새기는 계기도 되었다.

어설프게 읽은 내게도 고전은 많은 가르침을 주었다. 지금은 "상선약수(上善若水, 최고의 선은 물과 같다. 물처럼 살아라)"를 새기며 살고 있고, "사소한 일이라도 끝맺이를 처음과 같이 하면 실패가 없다[愼終如始 則無敗事신종여시 즉무패사]"는 말을 공부의 길잡이로 삼기도 했다. 삶이 혼란스럽거나 큰 결심을 앞두었을 때, 고전을 탐독하는 지혜도 얻었다.

공부에는 이런 묘미가 있다. 당시에 뜻도 모르고 새긴 것들이 인생길에 불쑥 나타나 가르침을 주는 것이다. 고전이 특히 그렇다. 자신이 철없는 줄 모르고, 하나 마나 한 소리라고 여기거나 심지어 '그래서 어쩌라고?' 했던 말들에 깊은 뜻이 들어 있음을 나중에야 발견한다. 오래되어[古] 고전이 아니라 오랫동안 진리로 여겨지는(노자가 변하지 않는 것은 없다고 했으니) 지혜가 법[典]과 같으니, 고전이다.

문제는 고전의 지혜가 내겐 사후약방문이라는 것이다. 남보다 한 박자 늦은 사람답게 사전에 깨우치지 못하고, 사후에 정리하다가 진리를 깨닫곤 한다. 그럼에도 아주 좋다. 앞으로의 인생처방전으로 삼으면 되니까.

"지자불혹 인자불우 용자불구(知者不惑 仁者不憂 勇者不懼)."

지혜로운 자는 의혹하지 않고 어진 자는 근심하지 않고 용맹한 자는 두려워하지 않는다는 말이다. 이 경구를 내 상황에 맞춰 풀어 쓰면 이렇다.

"미리 깨우쳐 일을 당하지 않는 게 지혜라면, 뒤늦게라도 자신을 다스리고 치유하는 것 또한 지혜다. 고통 속에서도 나를 바로 세우고 다시 뛰는 용기를 얻는다."

고전의 지혜를 나의 삶에 적용하는 것, 그게 우리가 고전을 배우고 길잡이로 삼는 이유다. 그런데 이게 누구 말이냐고요? 이천오백 년 전, 공자님 말씀이다.

불안과 번민 앞에 놓이는 자여, 공부하라

생이지지 학이지지 곤이지지(生而知之 學而知之 困而知之)! 사람은 태어나면서부터 아는 자와 배워서 아는 자, 그리고 어려움을 직접 몸으로 겪음으로써 이치를 깨닫는 자가 있다. 가장 좋은 것은 나면서부터 아는 자이지만, 가장 나쁜 경우는 겪고 나서도 모르는 자[困而不學곤이불학]이다.

설마 공자가 사람을 아이큐에 따라 우생학적으로 분류하기 위해 이런 말을 했겠는가? 세상에는 천재도 있지만 나 같은 둔재도 있음을 인정하고, 공부만이 이런 고통과 번민을 피하고 극복할 수 있는 길이니 '공부'하라는 말씀이었을 것이다.

니체는 "고통이 없는 세상은 심심하다"고 했지만, 역설적으로 성현들의 깨달음과 당부는 인간과 세상이 불완전하다는 것에서 출발한다. 또 누구나 살면서 곤경을 피해갈 수 없다는 사실에 기초한다. 그러니 위대한 자들의 고민도 우리와 같다. 내가 너무 당연한 말을 썼나? 그럼에도 성현들의 가르침은 여전하다. 불완전한 세상, 살아가는 내내 불안과 번민 앞에 놓이는 자여, 공부하라!

공부는 변화다

세상은 불완전할뿐더러 시시각각 변한다. 자연과 인간도 변하지만 인간이 만든 문명, 기술과 제도를 넘어 질서와 가치도 수시도 바뀐다. 노자의 경구를 들먹이지 않더라도 우리가 생생하게 눈과 피부로 느끼는 것들이다. 이런 변화는 편리함을 추구하지만 한편으론 혼돈과 어지럼증을 동반하기도 한다.

강력한 변화와 혼돈에 대응하는 인간의 선택은 둘 중 하나다. 끊임없이 세상의 변화를 따라잡든, 아무리 세상이 변해도 흔들리지 않는 자신의 가치를 찾든. 그 둘을 모두 공부라고 한다. 그래서 나는 한마디로 "공부는 변화다"라고 정리한다.

공부가 끊임없이 자신을 새롭게 가다듬는 행위이고, 사람은 그럼으로 성장하고 익어가는 존재라고 생각한다. 공부의 결과가 나를 넘으면 남과 세상을 바꾼다. 옛 성현들의 공부가 그렇다. 그분들의 공부가 자신은 물론, 수천 년의 세월을 넘어 지금 나를 변화시키고 있지 않은가.

그러니 공부하지 않고 머무르는 순간, 바로 뒤처진다. 세월과 세상은 날로 달아나는데 나만 멈춘다는 것은 뒤로 가는 것과 같다. 몸은 현재의 세상에 있지만 정신은 지나간 과거의 세상을 살게 된다. 아집과 독선만 남아 더 이상 남과 관계 맺기가 어렵다. 관계 맺기에 실패하는 것은 곧 세상과의 단절을 의미한다. 안타깝지만 그렇게 한 생애가 저물어갈 수도 있다.

이런 말을 들으면 괜히 당장 무엇을 해야 할 것 같이 마음이 급해지고 공부가 더 부담스럽게 느껴진다. 그러나 공자님은 그렇지 않다고 하셨다. "때때로 배우고 익히면 즐겁다"고 하셨다. 어떤 공부든 즐겁게 하면 된다. 조급하지도 말자. "한아름의 나무도 털끝만 한 싹에서 생기고, 9층의 높은 건물도 흙을 쌓아서 올렸고, 천릿길도 발끝에서 시작된다."(노자) 나도 그렇게 믿고 가는 중이다.

위기지학, 공부는 자신을 위해서 한다

내가 남들이 대단히 여기는 공부에 욕심내지 않고, 보잘것없더라도 내가 좋고 끌리는 것을 찾아 공부하는 이유도 "남을 아는 자는 똑똑한 사람이고, 자신을 아는 사람은 명철한 자이다. 남을 이기는 사람은 힘이 있지만, 자신을 이기는 사람은 더 강하다[知人者智 自知者明지인자지 자지자명 勝人者有力 自勝者强승인자유력 자승자강]"라는 노자의 말에서 힘을 얻었는지도 모른다. 그런데 마치 현대의 심리상담사나 커리어코치의 말 같지 않은가? 고전의 경구가 현재보다 모던하다. 더 새롭다.

논어의 '위기지학(爲己之學)'도 새기고 나서야 내게 깨달음을 준 말이다. 말 그대로 "공부는 자신을 위해서 한다"는 뜻인데, 이어지는 대구는 '위인지학(爲人之學)'이다. 자칫 남과 세상을 위해 하는 공부로 뜻을 오해하기 쉽지만, '남들의 평가를 의식하는 공부'를 일컫는다.

이 말도 처음에는 지극히 당연하게 들었다. 공자가 성인의 반열에 든 분이니 공부를 통해 그 경지에 이르라고 하는 '교장선생님 훈화'로, 이를 행하면 신독(愼獨)의 자기수양을 권면하는 말씀으로 들었다. 말은 좋지만 나 같은 소인에게 그 경지는 언감생심, 이발소 벽면에 붙어 있는 "하늘은 스스로 돕는 자를 돕는다" 정도의 흔한 경구처럼 듣고 지나갔다.

그러던 어느 날, 내가 왜 공부하는지를 다시 되짚어본 적이 있다. 아무리 공부가 내게 맞고 즐겁다지만, 혹시라도 내가 제 좋고 편한 것에만 머무는 것은 아닌가. 안분지족도 좋지만 모름지기 남자가 공부를 시작했으면 출세에 뜻을 두어야 하지 않나. 평생을 강의와 번역과 상담을 하며 살았으니 다른 길도 한번 가볼까? 이런 고민이었다.

또 "효 천지경야 지지의야 인지행야(孝 天之經也 地之義也 人之行也)" 즉 "효란 하늘의 법이요 땅의 의리니 마땅히 사람의 행할 바이다"라고 했으니, 가장이자 아들로 아버지를 위해 입신양명을 꿈꿔보기도 했다. 그러나 노자는 자지자명(自知者明), 즉 "자신을 아는 자는 명철한 사람이다"라고 했다. 또 "지혜로운 사람은 보석으로 존중받기도 원치 않으며, 돌로 무시당하기도 원치 않는다"고도 했다. 철학자 키르케고르도 "자신을 아는 것이 신을 아는 것이다"라고 했다.

나 자신을 먼저 아는 게 중요했다. 세상의 성공은 내가 바라는 게 아니었다. 그냥 공부를 좋아하는 한 사람으로 남는 게 내게 맞았다. 위기지학으로 자신의 원래 마음을 밝혀 실천하는 이상적 인간[聖人]까지는 될 수 없겠지만, 세상을 읽고 계속 성장하는 사람으로는 남을 수는 있겠다 싶었다. 또 내 공부가 보잘것없지만 세상을 위해 쓸모가 된다면 더욱 좋겠다고 생각했다. 봉사라고 하기엔 덕이 부족하지만, 내 깜냥 안에서 강의를 이어왔으니 그것만으로도 내 작은 그릇을 채우는 데 만족하기로 했다.

스무 살 어리보기에게 서부의 사나이로 찾아왔던 노자는 과거로부터 온 내 삶의 보안관이었다. 서부 영화에서 챙 넓은 모자를 쓰고 시가를 씹으며 총질하던 존 웨인이 말했다.

"내일은 우리가 어제로부터 무언가 배웠길 바란다(Tomorrow hopes we have learned something from yesterday)."

내가 고전을 공부하는 이유

지금까지 성현의 말씀을 앞뒤 없이 떼어다 쓰고, 내가 자의적으로 해석한 것이라 자칫 누가 될까 두렵다. 사실 내가 할 수 있는 말은 고작, 고전은 옛사람들의 지혜가 거듭 쌓인 것으로 변하지 않는 진리의 고갱이다. 때론 따분한 '공자님 말씀' 같지만 그 뜻을 새기면 마르지 않는 샘물을 발견하는 기쁨이 되기도 한다. 이 정도로만 말하면 될 것을.

그리고 고전은 무조건 어려운 것이 아니라 읽는 사람의 경험과 주변에 비추어 생각하면, 새록새록 이해가 쉽고 우리 삶을 벗어나는 것은 하나도 없는 이야기라고 추가하면 될 것을. 성현들도 하늘에서 내려온 자가 아니라 공부하고 깨달은 땅 위에 선 사람들이기 때문에 나처럼 삶을 헤맬 때 공자님이 인생의 진리를 귀에 속삭여

주고 노자가 내 등을 두드려주는 날도 경험할 수 있다고만 할 것을. 또 자신의 생각이 비록 보잘것없을 것 같지만 읽고 생각하면 그게 철학의 시작이란 것과 어쭙잖지만 이렇듯 옛사람의 말을 빌려 쓰는 재미도 작은 즐거움이란 것을.

지금까지 고전의 지혜를 괜히 길고 어설프게 설파했다. 실은 내가 가장 좋아하는 옛글은 풍류다. 옛사람의 삶이 녹아 있고 정취가 묻어 있는 글을 읽을 때 곱씹는 맛도 또 하나의 즐거움이다. 이규보가 지은 〈詠井中月(영정중월)〉이라는 시가 있다.

山僧貪月色(산승탐월색)　산 속의 스님 달빛을 탐하여
幷汲一甁中(병급일병중)　병 속에 하나 가득 달도 함께 긷네.
到寺方應覺(도사방응각)　절에 돌아가면 깨달으리라.
甁傾月亦空(병경월역공)　병을 기울이면 달 또한 빈다는 것을

산중에 스님이 물을 길으러 갔다가 우물에 비친 달의 모습에 반해 달을 길어 절로 돌아오지만, 그 달은 결코 건질 수 없는 달이다.

"Don't cry for the moon."이라는 영어 문장이 있다. 우리말로 해석하면 "달을 얻으려고 외치지 마라." 지나친 탐욕을 부리지 말라는 뜻이다. 스님이 달을 구하는 것도 욕심일까? 아니면 해탈일까? 이 시의 각 구 끝 글자를 합하면 '색중각공(色中覺空)' 유(有)의 세계

에서 무(無)의 세계를 깨닫는다는 의미다. 나로선 그 답을 낼 수는 없지만 선연히 그려지는 풍경과 시인의 마음을 읽는 것만으로도 감동이 된다.

하나를 더 읽어볼까? 조선 중기 여류 시인인 이옥봉의 〈몽혼(夢魂)〉이라는 시다.

近來安否問如何(근래안부문여하)
月到紗窓妾恨多(월도사창첩한다)
若使夢魂行有跡(약사몽혼행유적)
門前石路半成砂(문전석로반성사)

요즘 당신의 안부는 어떠하신지 묻습니다.
달이 사창에 이르니 첩은 한이 많습니다.
만약 영혼도 발자국이 있다면
문 앞의 돌길이 반쯤은 모래가 되었을 겁니다.

이 시의 하이라이트는 3구와 4구다. 영혼으로 돌을 밟아 모래를 만드는, 화자의 말 속에서 사랑하는 사람에 대한 그리움이 얼마나 깊은지를 느낄 수 있다. 사랑이라는 단어를 한 글자도 안 쓰고 사랑의 마음을 절실하게 표현하는 옛 여인의 마음이 절절하게 울려

온다. 저런 은유와 멋은 우리 시대가 오히려 배워야 하는 게 아닐까 싶다.

수천 년 익혀온 고전의 밝은 지혜를, 익지도 않은 채 너무 많이 떠들었다. 대음희성(大音希聲), 너무 큰 소리는 들리지 않는다고 했다(노자). 경박한 깡통 소리로 시끄럽게 해서 죄송하다.

배움은 우연히 얻어지는 것이 아니라

열성을 다해 갈구하고

부지런히 집중해야 얻을 수 있는 것이다.

애비게일 애덤스(Abigail Adams)

2부 바보의 공부법

사랑을 배우다

사랑은 눈이 아니라 마음으로 보는 것.
그래서 날개 달린 사랑의 천사 큐피드는
장님으로 그려져 있는 거지.

셰익스피어, 《한여름 밤의 꿈》 중에서

그렇게 공부해서 뭐해요?

5월의 어느 휴일, 이른 아침 잠에서 깨보니 아내는 예쁜 옷을 입고 귀걸이를 하고 한껏 치장에 공을 들이고 있다. 드물게 안경을 벗고 콘택트 렌즈를 착용한 것으로 보아 중요한 약속이 있는 모양이다. 거울 앞을 분주히 오가다가 스카프를 이걸로 맬까 저걸로 맬까 내게 묻는다. 나는 그중 하나를 골라 "이게 좋겠는데" 했다. 아내는 듣는 둥 마는 둥 다른 걸 맨다. 왜 물었는지 모르겠다.

조금 뒤 아내는 이 신발을 신을지 저 신발을 신을지 또 고민한다. 나는 세련된 의상에 어울려 보이는 날렵하고 굽 높은 하이힐을 꺼내주었다. 아내는 내가 들고 있는 구두는 쳐다보지도 않고 "신을 만한 게 하나도 없네!" 혼잣말을 한다. 신발장을 보니 아내의 구두가 열 켤레도 넘는다. 내 구두는 굳이 세어보지 않아도 딱 두 켤레. 그래도 부족하다고 생각해본 적이 없다. 아내는 이것저것 신어본다. 이럴 때 아내의 구두가 열 켤레가 넘더라도 많다고 하면 절대 안 된다. 그냥 당신은 뭘 입고 어떤 것을 신어도 잘 어울린다고 말하는 것이 현명하다.

오래전, 백화점에서 예쁜 여자 블라우스가 눈에 띄었다. 아내 생각에 선뜻 구입했다. 뜻밖의 선물에 아내는 너무 좋아하며 거울 앞에서 다른 옷과도 대보고 액세서리를 달아보면서 패션쇼를 한다. 옷이 예뻐 다른 옷과도 매치가 잘 된다며 내 안목을 칭찬하더니, 다음 날 아내는 백화점에 가서 옷을 교환했다. 이럴 때 왜 마음이 바뀌었냐고 묻지 않는 게 '뭘 좀 아는' 남자의 처신이다.

함께 쇼핑을 가는 것도 내겐 고역이지만 절대 내색하지 않는다. 내 옷을 사는 데는 삼십 분을 넘기지 않는다. 남자 옷은 대개 거기서 거기라 가격과 사이즈만 확인하면 된다. 특히 아내가 골라주는 옷이라면 스타일도 걱정할 필요가 없으니 추천하는 대로 입으면 된다. 그러나 아내 옷을 살 땐 이 가게에서 입어보고 저 가게에서 입어보고, 몇 시간이 지나도 고르질 못한다.

내가 지루함을 넘어 지쳐갈 때쯤에 이르러서야 아내는 이제 그만

가자고 한다. 그런데 빈손이다. 아직 오늘 사야 할 마음에 드는 옷을 찾지 못했지만, 찜해둔 옷은 있으니 내일 한 번 더 보고 살 것이라고 한다. 그럴 것 같으면 그냥 지금 사면 안 되나? 라는 질문도 삼가는 게 좋다. 아무리 공부해도 세상을 다 알지 못하는 것처럼, 남자가 아내의 깊은 속내를 다 헤량하고자 하는 것도 욕심이다.

어느 부부가 외출을 하기로 했다. 먼저 준비한 남편이 밖에서 기다리는데 한 시간이 지나도 아내가 나오지 않자 왜 안 나오느냐고 묻는다. 그러자 아내는 이렇게 말한다.

"내가 잠깐이면 된다고 한 시간 전에 그렇게 이야기했는데 벌써 잊었어요?"

그냥 요즘 유행하는 우스갯소리다.

아무튼 그날 연신 약속 시간에 늦었다고 투덜대면서도 신발장 앞을 못 떠나는 아내는 그중 하나를 신어보곤 괜찮았는지, 금세 만족한 표정으로 현관을 나선다. 내가 봐도 의외의 잘 어울리는 조합인 것 같아 예쁘다고 말했다. 처세가 아니라 진심에서 나온 멘트였다.

아내는 배시시 웃더니 오늘 저녁에 친구들과 모임이 있다며 장소와 돌아오는 시간을 그제야 내게 말해준다. 내 아내뿐 아니라 실제로 여성들은 패션과 디자인 등 아름다움에 관해선 남자와 감각과 안목이 많이 다르다. 예쁜 것에 대한 열망도 옛날부터 남자와는 다른 것 같다.

조선 후기 가사에 〈화전가〉가 있다. '화전(花煎)'이란 꽃지짐이다. 매년 봄이 오면 하루를 잡아 여자들만 모여 야외로 나가 화전을 먹으며 놀이를 즐기는 날이 있었다. 이날은 음식과 설거지 등 집안 일을 남자들이 다 하고 부인들은 화전을 먹으며 즐거운 하루를 보낸다.

〈화전가〉를 보면 그때도 여성들은 몸을 치장하는 데 많은 공을 들인 것 같다. 요즘 말로 풀어보면 다음과 같다.

예쁜 얼굴 상대하여 인물 치장 야단이네
단장을 어이 할까 팔자 눈썹 다스리며

옥비녀 금비녀 이걸 내어 꼽고 갈까
옥반지 은반지 이걸 내어 끼고 갈까

예쁜 이 얼굴에 무엇 무엇 입고 갈까
오동 장롱 열어놓고 차례차례 내어놓아
푸른색 줄 저고리 이걸 내어 입고 갈까

예쁘게 치장 후에 무엇을 신고 갈까

아주 예쁜 신발 버선 이걸 내어 신고 갈까
더 예쁜 신발 버선 이걸 내어 신고 갈까

오늘은 내 아내의 화전날이다. 그러므로 오늘 나는 부침개를 부쳐드릴 순 없을지언정 열심히 집안일을 도맡아 최선을 다하고, 저녁에 돌아올 아내를 조신하게 기다리면 된다. 모처럼 잘 차려입고 엘리베이터로 향하는 아내의 뒷모습이 오늘은 더 예쁘다. 흐뭇하다. 이 마음도 진심이다.

아내와 나는 내가 대학원 박사과정에 있을 때 만나 결혼했는데, 같은 영문학을 전공해서인지 처음부터 이야기가 잘 통했다. 처음 보는 사람 앞에서 낯을 많이 가리고, 무슨 말을 해야 할지 몰라 허둥대던 내게 영어라는 공통분모는 대화의 물꼬가 되었다. 둘 다 영어를 가르친다는 입장도 공감대가 넓어지는 데 도움이 되었을 것이다.

그러나 결혼까지 하고 나서 생각해보니, 서로의 공통점과 관심사보다는 아내가 분위기를 맞추려고 내 이야기를 잘 들어준 게 아닌가 싶다. 아무리 전공이 같다지만 영어 속담이며, 특별한 동사 활용형이며, 공부의 즐거움 따위를 주절주절 말하는 내가 얼마나 한심했겠는가. 그럼에도 싫은 내색 없이 고개를 끄덕이며 적당히 맞장구까지 쳐주던 것은 그녀만의 장기다. 타고난 동정심이 많고, 교사의 직업적 인내심으로 상대가 필요로 하면 언제까지라도 귀를 기울이는 태도는 내가 많이 배운 것이기도 하다. 물론 내게 늘 그런 것은 아니지만.

근본적으로 아내는 나와 성격이 많이 다르다. 나는 하나에 매달리는 집중력은 있지만 그 이외의 것에 무심한 편이라 매사 허술한 점이 많다. 반면 아내는 다양한 것에 관심이 있는 만큼 여러 방면에 능하고, 중요한 것을 놓치는 법이 없다. 나는 시작의 기세에 비해 마무리가 조금 약한 반면, 아내는 느리고 차분하게 시작하지만 모든 마무리가 깔끔하다. 뒤끝이 좋으니 흐지부지되는 일이 없고, 결과는 칼같이 분명하다.

아내는 내가 친구들과 늦게까지 밖에서 스터디를 하거나 술을 마시는 것은 언제든 허락하지만, 약속한 귀가 시간을 못 지키는 것은 용납하지 않는다. 이럴 때 거짓이나 변명은 금물이다. 자칫 엄격한 선생님의 학생이 되어 벌을 받아야 할 분위기로 이어질 수도 있다. 본인 스스로 약속을 잘 지키니 나는 감히 따지지도 못한다.

방 배치를 할 때도 나는 깨끗하고 쓰기 편하도록 정리하면 만사 오케이인 반면, 그녀는 꽃병 하나를 놓아도 어울리는 자리인가를 살핀다. 다른 사물과의 어울림, 창가에 드는 볕과의 조우, 현관에 들어서는 사람의 시선과 각도가 맞는지 등을 세심하게 고려한다. 이토록 기품 있는 아내의 성격은 내 입장에서 보자면 꽤나 까다롭다.

그렇게 까다로운 여자가 정작 남편은 까다롭게 고르질 못했다. 알고 보면 공부밖에 모르는 간서치를 데리고 살면서 푸념을 한 적도 없다. 간혹 놀자고 하는데 내가 공부하느라 못 놀아주면 "그렇게 공부해서 뭐해요?"라며 은근히 빈정대거나, 내가 영어단어 하나라도 틀리면 곧바로 '헐랭이 박사'라고 놀리곤 한다. 하지만 내가 공부에 지쳐 잠든 모습을 보고 출근한 날엔 '힘내요♡'라는 문자를 보내주기도 한다.

위대한 방정식의 주인공

우리는 단독 주택의 작은 방에서 신혼 생활을 시작했다. 산 아래 집이라 봄가을에 거실 창을 열면 벚꽃, 개나리, 진달래가 고개를 내밀어 거실을 넘어 들어올 만큼 풍경이 아름다웠다. 휴일이면 창을 활짝 열고 꽃 잔치를 감상하며, 삼겹살을 굽고 둘이 맥주 한 잔씩을 기울이면 그렇게 행복할 수가 없었다.

주변 공기가 맑고 동네가 낮밤 없이 조용해서 좋은 점도 많았지만, 출근길이 멀고 으슥한 밤길을 다녀야 하는 여성 입장에선 불편한 점이 많았다. 날씨가 안 좋거나 일에 지친 날엔 불편을 하소연하거나 남편을 조를 법도 한데, 불평 한마디 없이 좋은 면만 보며 즐기면 된다는 말이 내겐 그렇게 고마울 수 없었다.

더구나 나는 그때 박사과정에 있었고, 어학원 새벽반 강의를 하느라 새벽 다섯 시 반이면 집을 나섰다. 강의를 마치면 학교로 가서 공부하고, 저녁엔 입시학원에서 거의 매일 강의를 하느라 집에 들어오면 밤 열한 시가 넘었다. 아내에게 너무 미안했다. 가족이라기보다는 하숙생에 가까웠으니……. 신혼의 뜻은 한 사람은 신나고 한 사람은 혼나는 것이라는데, 나는 신이 났고 아내는 혼이 나던 시절이었다.

집에 혼자 있을 아내가 생각나 길거리에서 붕어빵이라도 한 봉지 사 들고 가면 아내는 정말 맛있다며 고마워했다. 작은 것에 고마워할 줄 아는 아내가 나는 더 고마웠고, 사소한 감사의 표현이 사람을 감동시킨다는 것을 그때 배웠다. 이런 아내를 생각하면 백화점에서 옷을 고르느라 일 년이 걸려도, 비가 오나 눈이 오나 마땅히 기다려야 한다.

이후 우리는 조금씩 형편이 나아져 점차 살기 편한 곳으로 이사를 했고, 나도 별 지장 없이 공부 과정을 이어가고 있다. 아내의 노력과 배려가 없었다면 나는 오늘에 이르기 힘들었을 것이다.

나는 아내에게 자주 "사랑해"라는 표현을 하는데, 이것도 아내에게 배웠다. 어머니가 일찍 돌아가셔서인지 여성 특유의 따뜻한 정과 배려, 관용, 가족의 사랑을 배운 것도 아내로부터였다. 지나간 아내 생일엔 귀갓길에 화장품 가게에 들러 영양 크림을 사고 케이크와 꽃을 사 함께 조촐한 생일 파티를 했다. 저녁은 아내가 외식을 하자며 샤브샤브를 먹고 싶어 해 전문점을 찾아갔다.

'샤브샤브'는 몽고어로 '흔들흔들'이라는 뜻이다. 칭기즈칸이 전쟁 중에 빠른 시간 안에 식사를 해야 하니, 끓는 솥에 고기를 흔들어 먹은 데서 유래한 음식이다. 우리도 성격이 달라 때론 흔들거리기도 했지만, 여전히 한 솥 안에서 익어가고 있다.

원래 결혼은 서로 다른 사람이 자신의 보다 나은 반쪽을 찾는 것이다. '보다 나은 반쪽'을 영어로는 'the better half'라고 한다. 나는 미리 써온 "보다 나은 반쪽에게, 미안하고 고맙고 사랑해!"라는 카드를 준다. 흔들흔들 고기를 젓는 아내의 눈에 행복이 보인다.

배우 베티 데이비스(Bette Davis)는 이렇게 말했다.

"사랑만으로는 충분하지 않아요. 사랑은 토대, 주춧돌이 되어야지 완성된 구조물이 되어서는 안 돼요. 사랑은 너무 잘 휘고 구부러지기 쉽거든요."

이렇듯 사랑은 두 사람이 서로 부족한 부분을 맞춰가면서 서로를 지켜주고 지탱해주는 주춧돌이다. 사랑의 핵심은 상대방의 입장에서 생각해주는 데 있다.

'이해하다'를 영어로 'understand'라고 한다. 아래(under) 서 있다(stand)는 뜻이다. 누군가를 이해하려면 그 사람보다 아래 서 있어야 한다. 상대방 입장에 되어보는 '역지사지(易地思之)'도 비슷한 의미다.

올해 초 아내가 내게 카톡으로 심리 테스트를 하나 보내주었다. 테스트 결과 내가 '정의로운 호랑이' 아내는 '내 맘대로 고양이'였다. "어쩜 이렇게 정확하지?" 둘이 동시에 외칠 정도로 우리에게 딱 들어맞는 표현이었다. 내 맘대로 고양이와 정의로운 호랑이는 상극이라는데 그래도 우리 부부는 서로의 부족한 점을 잘 맞추며 살아가고 있다.

동반자를 영어로 'companion' 또는 'colleague'라고 한다. 'com'은 '함께'라는 뜻이고 'pan'은 '빵'이라는 뜻이므로, 동반자는 '함께 빵을 먹는 사이'라는 뜻이다. 'colleague'는 '함께 리그전을 뛰는 사이'라는 스포츠 용어에서 유래했다. 빵이든 샤브샤브든 함께 먹는 것이 즐겁고 서로 특기와 능력과 포지션이 달라도 같이 뛰는 게 행복하다면, 이미 충분한 것 아닌가 싶다.

'균형 이론'으로 잘 알려져 있고 영화 〈뷰티풀 마인드〉의 실제 모델이기도 한 천재 수학자 존 포브스 내쉬는 노벨 경제학상 수상식에서 다음과 같이 소감을 밝혔다.

"감사합니다. 저는 항상 수를 믿어왔습니다. 추론을 끌어내는 방식과 논리를 믿어왔지요. 평생 동안 그걸 연구했는데, 저는 묻습니다. 무엇이 진정한 논리인가요? 누가 이성을 결정하나요? 저는 물질적인 세계와 형이상학적인 세계와 비현실 세계에 빠졌다가 이렇게 돌아왔어요. 저는 제 인생에서 가장 소중한 것을 발견했습니다. 그건 어떤 논리나 이성도 풀 수 없는 사랑의 방정식입니다. 저는 당신 덕분에 이 자리에 섰어요. 당신은 내가 존재하는 이유입니다."

내쉬 박사도 풀 수 없던 위대한 방정식의 주인공, "You are the reason I am."이라는 헌사를 받은 이는 바로 그의 아내였다. 내쉬 박사와 격은 한참 떨어지지만 나 역시 그렇다. 아내는 간서치인 나의 최고 지원군이자 사랑의 담임선생님이다.

그런데 왜 내가 이걸 여기에 쓰고 있지? 아, 배우는 것엔 따로 학교와 과목이 없다는 말이다.

눈치도 공부합니다

유머 감각이 없는 사람은 스프링 없는 마차와 같다.
길 위의 모든 조약돌에 부딪칠 때마다 삐걱거린다.

헨리 워드 비처

내게 맞는 학습 유형을 찾아라

오래전 우리 남매 가족들이 모두 함께 해외여행을 간 적이 있다. 비행기를 타고 다섯 시간을 가야 하는 곳인데, 좌석 배치가 애매하게 되어 형과 나는 가족과 떨어져 각자 모르는 사람 옆에 앉게 되었다. 그 다섯 시간 동안 기류가 불안정해 책을 읽어도 눈에 들어오지 않고 잠도 오지 않았다. 몹시 지루했지만 성격상 모르는 사람에게 말을 걸지도 못하고 내내 어색하게 앞자리 형의 뒤통수만 보고 있었다.

내 옆자리 분도 과묵한 성격인지 자다 깨다를 반복하면서도 내게 말을 걸지 않았다. 결국 내릴 때까지 옆 사람과 한마디도 나누지 못했다. 그러나 형은 이륙 후 기장의 인사말이 끝날 즈음부터 옆 사람과 이야기를 나누기 시작하더니, 내릴 때까지 대화를 주고받았다. 남들이 그 둘을 보았으면 절친한 친구끼리 동반여행을 하는 줄 알았을 것이다.

수하물 찾는 곳에서도 두 사람은 악수를 나누며 아쉬운 듯 작별인사를 했는데, 내 눈엔 그게 참 신기해 보였다. 형에게 물었더니, 형은 다섯 시간 뒤면 모르는 그 사람과 헤어질 테니 그동안 부담없이 이야기를 나누자고 생각했었단다. 나는 반대로 다섯 시간 뒤면 모르는 그 사람과 헤어질 테니 차라리 아무 말 하지 말고 가자고 생각했었다. 같은 상황에서 형제가 어쩜 이리도 다른지. 우리 형제가 서로 다른 것처럼, 사람은 성격에 따라 상황에 대처하는 방식도 다르다. 형처럼 눈치 빠르고 사교적인 유형이 있는 반면, 나처럼 눈치 없고 수줍음을 타는 유형도 있다.

고3 때 학교 앞 읍내에서 하숙을 한 적이 있다. 하숙집 아주머니는 내가 너무 말이 없어서 언어 장애를 가진 학생인 줄 알았다고 한다. 한참 지나고 친구들이 놀러 왔을 때에야 그게 아니란 걸 알았다고 한다.

그랬던 내게도 반전이 있다. 평소에는 말수가 없다가도 강단에만 서면 청산유수가 된다. 직업상으로는 참 다행인데, 분필이나 마커펜만 잡으면 마치 신들린 것처럼 강의를 한다. 그러다가 두 얼굴을 가진 남자도 아닌데, 강단을 내려오면 다시 수줍고 어눌한 장웅상으로 돌아간다. 사람 좋아하고 어울리기 좋아하는 건 형이나 나나 마찬가진데, 나는 강단 언어에 강하고 스몰 토크(Small talk)에 약하다. 형은 누구라도 금세 친해지고 모임을 주도하는 반면, 나는 낯선 사람과 처음의 어색함을 깨는 데 꽤 많은 시간이 걸린다.

교육학에서는 학습자의 성격에 따른 학습 유형을 '숙고형'과 '충동형'으로 구분하기도 한다. 말 그대로 숙고형은 정보를 입력할 때 차분하게 절차에 따라 집어넣고, 질문에 답할 때도 신중하다. 실수는 적어도 반응이 늦은 게 문제다. 충동형은 이와 반대로 입력과 출력 모두 반응이 빠른데, 체계적이지 못하고 실수가 많다. 남들을 신경 쓰지 않으며 오류를 수정하는 것조차 빠르다.

나는 두 가지 모두에 해당하는데, 대부분의 사람이 어느 유형의 기질이 많으냐의 차이가 있을 뿐, 딱히 어느 한쪽에만 속하지는 않는다. 학습자가 어느 유형의 기질이 더 많은가를 알면 교사든 학습자든 많은 도움이 된다.

충동형 기질이 많으면, 공부 시작 전에 단원의 학습 목적을 살펴보고 세부 항목을 구분해 진행 순서도를 그려놓고, 자신의 목표와 시간 등 계획을 세워놓는 것이 능률적이다. 숙고형 기질이 많으면,

미리 단원 파악을 하고 계획도 충분히 세웠을 테니 중요도에 따라 공부 시간을 안배하는 것이 중요하다. 시험을 치를 때도 이런 유형과 기질에 따라 대응한다. 각각의 장단점이 있으므로 학습자가 자신의 유형을 알고 나서 적당히 반대 유형의 방식을 섞는 것이 좋다.

교사나 부모 입장에선 아이들의 학습 유형에 따라 지도하는 것도 도움이 될 것이다. 그런데 문제는 아이들 중에 이도 저도 아닌 유형이 있다. 즉 어떤 방식이든 공부를 안 하고, 수업 참여를 거부하는 경우다. 학원에서 아이들을 가르칠 때 만난 유형 중에 아예 벽에다 대고 이야기하는 것 같은 아이들이 있었다. 당연히 성적이 좋지 않았다. 그런데 수업을 끝내고 나서 그 아이들과 이야기 나누어보면 신기하게도 머리 나쁜 아이가 거의 없다.

이런 아이들에겐 격려도 필요하고 강의 난이도와 학습 진도를 조절하거나 유형을 파악해 지도하는 것도 중요하지만, 나는 그 전에 공부 태도를 잡아주려고 노력했다. 꾸준히 공부하는 습관을 길러주면 좋다지만, 어른의 강제된 습관과 독려는 오히려 공부와 더 멀어지게 하는 요인이 될 수 있다.

나름의 내 비법은 사소한 단어 하나라도 이 아이들에게 '아는 재미'를 느끼게 해주는 것이었다. 예를 들어, 강의를 마무리할 때쯤 '오늘의 잊지 말 것 한 가지'라는 코너를 만들어 운영했다. 중요하지만 복잡한 것보다, 쉽지만 금방 외울 수 있는 단어나 영어 규칙들을 골라 복창하고 집에 가도록 했다. 난이도와 범위, 시간을 조금씩 늘려가면서 흥미를 유도하면 대부분 아이들의 결과가 나아지는 것을 확인할 수 있었다.

다시 내 학습 유형으로 돌아오면, 나는 어느 쪽 기질이 많으냐를 떠나 상황에 따라 두 유형을 오가는 두 얼굴의 사나이다. 자신이 없거나 모르는 사람이 많은 상황에서는 숙고형인데, 마음이 급하거나 잘난 체하고 싶은 상황에서는 충동형으로 돌변한다. 즉 심리적 요인에 따라 많이 달라진다. 고백하자면, 나의 이런 변덕형 학습을 극복하려고 많은 노력을 기울였다.

비법? 없다. 그냥 스스로 성찰하고 조절하는 게 답이다. 타고난 성격을 바꾸는 것은 어렵기 때문에 먼저 자신의 유형과 장단점을 파악하고, 나름대로의 틀을 만들어 몸에 장착하는 게 최선이다. 노력 중에 효과를 보면 방향성이 나오고, 거듭 노력하다 보면 저절로 틀이 생긴다.

눈치도 타고나는 거지만

오래전에 이런 CF가 있었다.

열두 시에 만나요 부라보콘

둘이서 만나요 부라보콘

살짝궁 데이트 해태 부라보콘

이 광고를 접한 나는 반드시 열두 시에만 부라보콘을 먹을 수 있는 줄 굳게 믿었다. 그런 곧이곧대로 성격으로 무럭무럭 자라더니, 어느 날 누군가와 햇살 뜨거운 거리를 걷다가 그가 "저기 그늘이 있네요"라고 말하는데 "네, 그늘이 있네요"라고 답하는 사람으로 성장했다. 아무리 갈 길이 급했어도 그늘에서 조금 쉬어가자는 동행자의 뜻을 눈치채지 못할 만큼 주변머리가 없었다.

언젠가는 방송대 행사에서 내가 남녀 듀엣으로 교가를 부르게 되었는데, 연습 후 여성분에게서 "선생님과 저는 키가 안 맞는 거 같아요"라는 문자가 왔다. 그래서 나는 "그럼 내일 굽 높은 구두를 신고 오세요"라고 답장을 보냈다. 둘이 음정 키가 안 맞는다는 뜻을 잘못 알아들은 거다.

그뿐인가. 언젠가 운전면허증 실기 시험을 볼 때였다. 시험장에서 내가 지나치게 긴장한 듯 보였는지 강사분이 "선생님 시험 보시는 날이라 오늘 분당 아줌마들 전부 차 갖고 나오지 말라고 이야기해 놓았어요"라고 했다. 뜻밖이라, "정말요?" 반문하는 내 표정이 얼마나 진지했는지 시험장이 웃음바다가 되었다.

내 어리숙함이 남을 웃겨주는 건 좋은데, 이런 성격을 좀 고치고 싶어 그런 공부가 없나 찾아보았다. 공부로 성격 개조? 쓰다 보니 이건 조금 이상하다. 사실 누구든 타고난 성격을 바꾼다는 게 공부로 가능한지, 그게 의미가 있는지도 잘 모르겠다. 단지 곧이곧대로 성격에 눈치도 없으니, 이를 보완해서 누구와도 쉽게 가까워지고 분위기에도 잘 적응하려는 자기계발의 방편이랄까. 강의가 직업이고 강연이나 상담이 잦으니 남과의 라포르(rapport, 신뢰와 친근감으로 이루어진 인간관계)를 형성하기 위한 노력이자, 거창하게 학문적으로 말하면 '스스로 부족함을 성찰하고, 타인과 화합하려는 목적의 학습, 친화적인 사람으로 성장하기 위함'이었다.

그러다가 타로와 유머를 배우는 게 좋겠다는 생각이 들었다. 지금은 타로 1급 심리상담사 자격증을 땄고, 유머 학원도 등록해 수강을 마친 상태다.

타로 공부는 실제로 많은 도움이 되었다. 남의 고충과 고민을 듣거나 진로 상담을 할 때 직설적인 충고도 효과가 있지만, 우회적이고 완만하게 상대방을 이해시키는 노력도 필요하다. 그때 타로를 꺼내 들면서 자연스레 라포르를 형성하면, 내담자도 쉽게 자신의 이야기를 풀어내고 내가 어려운 말을 해줘야 할 때도 타로 카드를 빗대 충고를 할 수도 있다. 타로를 앞에 놓으면 서로 나이와 신분을 자연스레 잊기도 한다.

유머 공부 효과는? 유머 학원을 다니기 전에도 강의 전에 늘 유머를 준비했었다. 수강생들의 긴장과 지루함을 풀어주고 집중력을 높이는 데는 유머만 한 게 없기 때문이다. 또 강단에만 서면 활기찬 성격으로 돌변하니 애드리브도 곧잘 했다. 다만 분필을 놓으면, 수줍고 곧이곧대로 눈치 없는 장웅상으로 돌아오긴 하지만.

결론적으로 유머 공부를 한 것은 좋은 선택이었지만, 유머 감각이 더 나아진 효과는 아직 못 본 것 같다. 나름 신공을 펼치고 있으나, 한여름임에도 듣는 사람들이 몹시 썰렁해한다. 대신 유머를 배우는 동안 나는 실컷 웃었다. 강사가 엄청 웃기고 나도 즐거웠다. 나라도 웃었으면 된 것 아닌가.

인인선생 처처학교
(人人先生 處處學校)

나는 스승에게서 많은 것을 배웠고
친구에게서 더 많이 배웠으며
제자들에게서는 훨씬 더 많은 것을 배웠다.

《탈무드》 중에서

나의 첫 공부 스승

내 인생의 첫 선생님은 아버지였다. 아버지는 가난한 집안 형편 때문에 공부를 많이 못 하셨다. 일찌감치 노동 현장에 뛰어드느라 학교는 가지 못했지만 공부에 대한 열정이 커서 틈만 나면 책을 구해 읽으셨다. 꾸준한 독서 덕분에 아는 것이 많았고, 어릴 때도 읽은 책을 남에게 설명해주면 침을 삼키며 들을 정도로 말씀을 재미있게 하셨다고 한다.

요즘 말로 가방끈은 짧았어도 '동네 지식인'이었던 것이다. 그래선지 우리 남매들이 어릴 때 책을 많이 사 오셨다. 내가 인생의 진로를 공부로 정했을 때도 든든한 지원군이 되어주셨다. 책 읽기를 좋아하고, 무슨 일이든 비교적 성실하고 열심인 성격도 아버지로부터 물려받거나 배운 것이다.

그리고 형은 두말할 것 없이 지금까지 내 가장 든든한 공부 동지이자 인생의 좋은 선배다. 내게 다양한 공부의 세상을 보여주었으며, 내게 방송대를 강력하게 권유하기도 했다. 형은 일반 대학에서 물리학과를 졸업하고 사회생활을 하다가 나보다 먼저 방송대에 입학했다. 경영학과를 필두로 법학과·경제학과·영문학과·국문학과 등 5개 학과를 졸업했다. 지금 다른 대학에서 경제학 박사과정을 수료했고 동시에 방송대 정보통계학과에도 적을 두고 공부하고 있다.

방송대는 평생공부의 축복을 내려준 자신의 인생 스승이라며, 내게도 그 시혜를 꼭 나누고 싶다며 입학을 강력하게 권유했다. 그 뜻에 따라 나도 방송대에 입학해 관광학과·국문학과·중문학과·일본학과·교육학과·문화교양학과를 졸업했고, 현재 일곱 번째 학과인 법학과에서 공부하고 있다. 여동생도 국문학과를 졸업했고, 내 아내도 청소년교육과를 졸업해, 우리 형제 가족의 방송대 학위를 모두 합치면 총 13개다.

물론 내 인생 전반에 영향을 끼친 사람으로 어머니를 빼놓을 순 없다. "신이 모든 것을 돌볼 수 없어 어머니를 대신 보냈다"는 말이 있듯, 어머니는 내게 인생의 스승이라기보다는 신에 가까웠다. 자애로운 내 어머니, 그 어머니를 나는 군대 시절에 잃었다.

상병 계급장을 달고 휴가 나온 아들에게 당신이 낼 수 있는 모든 음식을 차려 내시고 이불 끝단까지 맞춰 잠자리를 챙겨주시던 어머니는 내가 부대에 복귀한 지 일주일 뒤 허망하게 돌아가셨다. 갑작스런 뇌출혈 때문이었다.

휴가 나온 김에 가족사진을 찍자고 모두 사진관에 데려가시고, 며칠 전 귀대하는 아들의 뺨을 만지며 따스한 눈길로 바라보시던 어머니의 죽음을 나는 믿을 수가 없었다. 장례를 치르고 부대에 돌아와서도 어머니가 이 세상에 안 계시다는 사실을 받아들일 수가 없어 한동안 충격에서 벗어나질 못했다.

모든 병사들은 의무처럼 관물대에 가족사진을 걸어야 했지만, 나는 사진을 걸지 못했다. 사진 속 어머니 얼굴을 보면 통곡이 나올 것만 같아서였다.

나는 처음부터 군대에 잘 적응한 편은 아니었다. 석사과정 재학 중 입대한 터라 이등병을 달고 자대 배치를 받아 가니, 중대장과 행보관을 빼곤 내가 가장 나이가 많았다. 학력 높고 나이 많은 졸병의 기를 꺾으려고 그랬는지, 고참들은 특별히 내게 더 군기를 잡으려들었다. 기계치인데 박격포를 다뤄야 했고, 사격 실력도 형편없었고, 더구나 요령이 없었다. 군대가 그야말로 지옥처럼 느껴졌다.

힘들어하는 내가 안타까웠는지 한 말년 병장이 나를 불러 충고를 했다. 그는 눈 한 번 감았다 뜬 것 같은데 벌써 제대할 때가 되었다며, 너도 곧 그런 날이 올 거라고 했다. 그날 취침 시간에 나는 눈을 만 번도 더 감았다 떴다. 다음날 깨니 겨우 하루도 안 지났다.

어머니를 보내고 실의에 빠진 그즈음, 또 다른 고참이 내가 탈영할까 봐 걱정이 됐는지, '인인선생 처처학교(人人先生 處處學校)'라는 말로 나를 위로했다. 출처도 불분명한 이 여덟 자 한자성어는 "사람마다 선생이고 머무는 곳마다 학교다"라는 뜻이다. 군대라는 특수한 환경, 거기서 만나는 사람들 모두에게 다 배울 것이 있다. 군대생활도 좋으면 좋은 대로, 싫으면 싫은 대로 모두 경험이고 배움이라는 것이다. 특히 지금 네 처지에선 그런 마음가짐이 필요하다며 등을 두드려주었다.

나는 어머니가 돌아가신 충격을 공부로 이겨내기로 맘먹었다. 그날부터 활자로 된 것이라면 무엇이든 닥치는 대로 읽었다. 누가 소설을 갖고 오면 빌려 읽었고, 나중엔 영어 책을 사와서 틈만 나면 공부했다. 불침번을 설 땐 눈치가 보여 몰래 단어를 외웠다. 고참이 되어서는 작고 재미있는 소설 원서를 구해 읽었는데, 제대할 때까지 제법 많은 책을 읽었다.

드디어 제대하는 날, 오래전 고참이 했던 말이 이해가 되었다. 눈 한 번 감았다 뜬 것 같은데 벌써 제대다. 지나간 군대 생활이 주마등처럼 스쳤다. 또 하나의 학교를 졸업하는 느낌이었다.

'인인선생 처처학교' 이 말을 아직 어린 나이에 군대라는 특수 환경에서 늘 새기긴 어려웠지만, 이후에 어디서 누구를 만나든 배우는 자세로 임하라는 뜻은 오래 기억에 남았다. 타산지석이든 반면교사든, 세상살이는 모두 공부다.

오노 도후, 개구리에게 배우다

국민놀이인 화투 48장 중 비광에 개구리와 함께 그려져 있는 우산 쓰고 있는 남자는 개구리에게 인생과 공부를 배웠다고 한다. 그는 10세기 즈음의 실존 인물인 일본의 유명한 서예가 오노 도후(小野道風, 894~966)다.

어느 날 그는 아무리 써도 글씨가 늘지 않자 좌절에 빠진 채 빗길을 산책했다. 그러다가 버드나무 아래서 급류를 탈출하려는 개구리를 보았다. 나뭇가지를 잡아 벗어나려는 개구리는 몇 번을 뛰어도 가지 높이에 이르지 못했고, 이를 지켜보던 그도 불가능한 곳에 오르려고 애쓰는 개구리를 비웃었다. 그 순간 바람이 일어 나뭇가지가 휘어졌고, 개구리는 그 틈을 이용해 나뭇가지를 잡는 데 성공했다. 그 장면에서 오노는 큰 깨달음을 얻었다.

그다음은 우리의 예상대로 다시 붓을 잡고 글씨에 매진한 결과 대성하게 되었다는 이야기다. 그의 글씨를 본 적은 없지만 미물에게서조차 배우는 자세만으로도 과연 대가답다고 생각한다. 지식 공부도 그와 다를 바 없을 것이다.

언제 어디서나 배우는 시대

꼭 책상에서만 외우고 탐구하는 것만 공부는 아니다. 성적이 간절한 학생은 단어를 외우며 길을 걷고, 녹음된 강의를 이어폰으로 들으며 등굣길을 나선다. 나도 전철을 타면 책을 읽지만, 준비가 안 된 때는 휴대폰으로 신문이라도 읽는다. 지나는 길의 간판에서 낯선 단어를 보면 바로 휴대폰을 열어 검색해본다. 신문에 나온 신조어도 가급적 익히려고 한다.

군대에서 총기함에 커다랗게 쓰여 있는 '총기 수입 철저'라는 문구는 총기까지는 알겠는데, 수입은 어느 한자를 갖다 대봐도 깨끗이 손질하라는 뜻과 통하지 않아 늘 궁금했다. 혹시 'sweep(쓸다)'을 미국에서 잘못 빌려다 쓴 게 아닌가 싶었는데, 최근 생각나서 찾아보니 '수입(修入)'이라는 낱말에는 '주로 군대에서 어떤 물건이나 물체를 손으로 닦는 일. 손질'이라는 뜻이 있었다. 군대에 《국어대사전》이 있을 리 없고, 모바일이나 PC의 초록 창도 없던 시절이었으니 무식하면 그런 오해를 할 만했다. 요즘 우리는 마음만 먹으면 어디서나 공부할 수 있는 환경에 살고 있지 않은가. 초록 창을 열어 검색하면 핫 플레이스와 맛집만 찾을 수 있는 게 아니라, 웬만한 외국어 사전과 지식까지 다 들어 있으니.

우리 동네에 '어처구니'라는 맛있는 음식점이 있었다. 간판이 재미있어서 검색해보니 딱히 정답은 없지만 왕궁 등의 처마에 장식된 토기라는 설, 맷돌 손잡이라는 설이 있다. 정답을 찾진 못했지만 상식은 풍부해진다. 즉 단순하고 작은 것이지만, 그게 없으면 어떤 물건이나 도구가 제 기능을 못 하는 것을 이른다. 왕궁 처마에 토기가 장식되지 않아도 당황스럽고, 맷돌에 손잡이가 없어도 당황스럽다. 엄청 덥던 어느 날, 손님을 모시고 맛집을 소개한다며 땀을 뻘뻘 흘리며 그 집엘 갔더니 문을 닫아 어처구니없었던 적도 있다.

쇼팽 때문에 사랑을 망친 남자 이야기

케케묵은 우스갯소리에 쇼팽 때문에 사랑을 망친 한 남자의 이야기가 있다. 꿈에 그리던 여성이 마침내 그 남자의 데이트에 응해 왔다. 몇 시, 어느 동네 사거리에 있는 '쇼팽'이라는 카페에서 만나기로 했다. 남자는 약속된 시간 전에 도착해 카페를 찾았지만 아무리 사거리를 돌아봐도 '쇼팽'이란 카페가 없었다. 나중에 여자가 불같이 화를 내며 왜 안 나왔냐고 하니, '초핀'은 있는데 '쇼팽'은 없더라고 말했다.

폴란드 사람인 쇼팽(Fryderyk Franciszek Chopin)이 자신의 이름을 프랑스어로 쓴 게 불행의 씨앗인지, 프랑스어를 몰랐던 그의 잘못인지 모르겠지만, 당시 초록 창만 있었어도 이런 일은 없었을 것이다.

실시간으로 주고받는 SNS 공부의 묘미

작년에 모임이 있어 중국집에 갔더니 벽에 걸려 있는 한시가 눈에 띄었다.

虛心竹有低頭葉(허심죽유저두엽)

傲骨梅仰兩面花(오골매앙양면화)

이 한시를 메모해두었다가 내가 운영하고 있는 밴드(SNS 커뮤니티)에 올리고 해석을 달았더니, 어느 회원의 댓글이 달렸다.

"한시 원문에 원천적으로 오류가 있는 듯해 몇 마디 첨언할까 합니다. 첫 구절은 아무 하자가 없고요, 아래 구에 문제가 좀 있네요. 이건 원래 청대 문학가 정섭(鄭燮)[정판교(鄭板橋)로 더 많이 불리지만]이 지은 유명한 구절인데, 겸손을 강조한 내용으로 '虛心竹有低頭葉(허심죽

유저두엽) / 傲骨梅無仰面花(오골매무앙면화)'가 원래의 대구(對句)랍니다. 그러니까 중국집에 걸린 건 처음부터 잘못 편집 인쇄된 거라 해야겠지요. 해석을 해보자면, '마음 비운 대나무는 잎의 끝이 아래를 향하고 / 기개 있는 매화는 위를 향하며 피는 꽃이 없다.' 이런 정도가 되겠지요. 그래야 대구의 구성 또한 더욱 완벽해지겠고요."

모임 자리라 더 이상 보지 못하고 집에 가는 자리에서 다시 읽었더니 그분의 의견이 옳고 더 재미있다는 것을 알게 되었다. 이렇게 다양한 커뮤니티를 이용해 실시간으로 의견을 주고받으며 배우는 것도 공부의 묘미이다. 정말 공부하기 편리한 시대다.

꼬리에 꼬리를 무는 한자 탐구

고려대 대학원에서 함께 한문학을 공부하고 있는 중국인 유학생이 있다. 그 여학생의 이름이 한자로 '思酌(사작)'이다. 글자의 뜻대로 해석하면 '술잔을 생각한다'인데 이름에 웬 술잔? 더 알아보니 다른 의미로는 '헤아림을 생각한다'는 뜻이다. 술잔에 술을 따를 때처럼 헤아려서 생각한다는 의미다.

'짐작(斟酌)'이라는 한자어도 같은 의미에서 나왔다. 도자기병에 담긴 술은 양을 정확히 알 수가 없으니 술을 채울 때 헤아려 어림잡는[斟] 게 짐작이다. '작정(酌定)'이라는 단어의 '작'도 술잔을 의미한다. 따를 술잔을 먼저 정하면 작정이요, 앞뒤 없이 따르면 무작정(無酌定)이다. 요즘은 무작정 술 따르다가 낭패를 당할 수 있다. 낭패는 계획하거나 기대한 일이 실패하거나 어긋나 딱하게 된 일이나 그러한 형편을 이르는 말이다. 낭(狼)과 패(狽)는 이리를 닮은 짐승으로 낭은 앞다리가 길고 뒷다리가 짧으며, 패는 그와 반대다. 그 둘은 서로 의지하며 걷는데 둘 사이가 벌어지면 넘어져 당황스러운 상황이 된다는 뜻이다.

'참작(參酌)'은 남에게 술을 따를 때는 상대방의 주량을 먼저 살펴 술을 권해야 한다는 뜻이다. 참작 없이 무조건 술을 권하는 것은 무지한 사람이며, 무작정 마시고 낸 사고를 심신미약으로 치부해 정상 참작하는 것도 반드시 바꿔야 하는 우리 술 문화다.

그런데 남의 처자 이름을 갖고 웬 수작이냐고요? 이때 '수작(酬酌)'은 글자 그대로 해석하면 '술잔을 서로 주고받는다'는 뜻인데 '서로 말을 주고받음, 또는 그 말. 남의 말이나 행동, 계획을 낮잡아 이르는 말'로 쓰인다.

'수(酬)' 자는 '갚다'라는 뜻으로 많이 쓰이지만, 왼쪽에 붙은 '닭 유(酉)' 자는 '술잔'이나 '술'을 뜻하기도 하니, 더욱 재미있는 단어다. 대부분 '酌'을 '作' 으로 오해하기 쉽지만, 내 공부 동지 사작님과는 수작은커녕 술도 같이 안 마셨고, 여럿이 스터디를 하며 이름을 주제로 시작한 대화가 꼬리에 꼬리를 물다가 한자 탐구로 간 것이니 오해 마시라. 한문학을 공부하는 사람들이 원래 이러고 논다.

질문을 멈추지 마라

가장 중요한 것은 질문을 멈추지 않는 것이다.
호기심은 그 자체만으로도 존재 이유를 갖고 있다.
영원성, 생명, 그리고 현실의 놀라운 구조에 대해
숙고하는 사람은 경외감을 느낄 수밖에 없다.

알베르트 아인슈타인

그는 도대체 왜 그랬을까

"에이, 더럽게 변기를 누가 여기 갖다 놨어?"

"이게 예술이라고? 장난하냐?"

1917년 4월 어느 날, 미국의 뉴욕 독립미술가협회 전시에 누군가 남성용 소변기를 갖다 놓았다. 공사 인부가 미처 치우지 못한 것으로 여긴 사람도 있었으나, 떡 하니 작품 제목도 〈샘(Fountain)〉이라고 붙어 있고 테두리에 '알 뮤트(R. Mutt) 1917'이라고 서명까지 되어 있었다.

그 작품을 본 관람객과 평론가들은 "저게 예술이냐" 조롱하고 비아냥거렸다. 예술과 예술가에 대한 모독이다, 동네 철물점 변기를 갖다 놓고 화가 사인만 하면 작품이냐? 같은 반응이었을 것이다.

그런데 실은 그것이 작품인 줄 아무도 몰랐다고 하니 욕은 안 먹었을 수도 있겠다(실제로 첫 전시 작품은 누가 버렸다는 설도 있다). 이쯤에서 눈치챈 독자도 있을 것이다. 바로 현대미술사에 '레디메이드(ready-made)'라는 새로운 예술 장르를 제시한 마르셀 뒤샹(Marcel Duchamp)의 작품이었고, 이 전시가 레디메이드 미술의 첫 신호탄이었다.

뒤샹은 모나리자에게 콧수염을 그려 넣은 〈L.H.O.O.Q〉, 〈자전거 바퀴(Roue de bicyclette)〉 등의 작품으로도 우리에게 유명하다. 앤디 워홀, 리처드 해밀턴, 로버트 라우센버그, 백남준 등 세계적인 거장들이 그의 영향을 받았다.

남이 만든 흔한 기성품(레디메이드)에 살짝 손만 대는 것으로 작품 활동을 하고 명성까지 올렸으니, 완전 가성비 최고구나, 라는 생각이 먼저 든 나의 무지를 용서하시라.

그는 도대체 왜 그랬을까? 아직도 기괴하게 여겨질 수 있는 작품이 왜 명작 반열에 오른 것일까? 그의 예술관과 예술적 가치는 미술에 조예가 깊은 분이나 현대미술 책을 슬쩍이라도 훑어보면 알 수 있는 것이지만, 뒤샹의 작품은 "예술이 뭐지?"라는 질문으로부터 나왔다.

1910년대는 산업사회가 격동적으로 발전하고 있을 때였다. 새로운 공산품이 날로 개발되고 쏟아져 나왔다. 1912년 뒤샹은 친구인 콘스탄틴 브랑쿠시와 항공공학 박람회를 관람한 뒤 이렇게 말했다.

"이제 예술은 망했어. 저 프로펠러보다 멋진 걸 누가 만들어낼 수 있겠나? 대답해봐. 너라면 할 수 있겠나?"

비행기 프로펠러의 정교함과 유려함에 끌린 뒤샹은 인간의 손을 능가하는 기계의 정밀도와 미적 감각마저 품은 제품을 보고, 인간이 창조하는 예술의 한계를 느꼈고, 앞으로 예술가는 무엇을 해야 하는지를 고민했다. 그러고 1917년 〈샘〉이라는 작품으로 예술이 예술가에 의해서만 만들어지는 것이 아니라, 공장에서 만든 기성품도 예술품이 될 수 있음을 보여준 것이다. 즉 '창조'와 '해석'의 의미를 근본적으로 바꿔버렸다.

위대한 질문은 위대한 결과를 낳는다

진짜 태양이 돌까를 고민한 코페르니쿠스, 사과는 왜 아래로 떨어질까를 고민한 뉴턴, 실존이란 무엇일까를 고민한 하이데거, 무의식이란 무엇일까를 고민한 프로이트는 늘 질문을 했고, 그 답을 얻기 위해 치열하게 탐구한 사람들이다. 그들의 질문이 스스로에겐 업적과 만족을, 인류에게는 엄청난 풍요를 주었다.

그런 면에서 시간과 공간은 어떻게 구성될까를 질문한 알베르트 아인슈타인은 위대한 발견의 메커니즘을 이미 알고 있었던 사람이다. "가장 중요한 것은 질문을 멈추지 않는 것이다. 호기심은 그 자체만으로도 존재 이유를 갖고 있다. 영원성, 생명, 그리고 현실의 놀라운 구조에 대해 숙고하는 사람은 경외감을 느낄 수밖에 없다"라고 말했으니.

호기심과 탐구, 숙고는 공부의 시작이자 과정이며 공부가 나와 세상에 주는 의미이자 전부라고 할 수 있다. 위대한 이들은 치열하게 질문했고, 그에 대한 답을 찾았다. 골방에 들어앉아 고민한 것이 아니라, 보고 듣고 읽고 또 물으며 그 답에 도달했다. 이런 탐구를 공자님은 '공부'라고 했으며, "배우고 익히면 즐겁지 아니한가?(學而時習之 不亦說乎)"라고 제자들에게 물었다.

기왕에 나도 여러분께 질문을 하겠다. 사지선다형이니 쉽다.

위의 '학이시습지 불역열호'라는 공자님 말씀을 올바르게 해석한 것은?

① 배우고 때때로 익히면 또한 즐겁지 아니한가?

② 배우고 때때로 익히니 또한 즐겁지 아니한가?

③ 배우고 그때그때 익히면 또한 즐겁지 아니한가?

④ 배우고 그때그때 익히니 또한 즐겁지 아니한가?

그 말이 그 말 같기도 한데, 자세히 보면 의미가 살짝 다르긴 하다. 위 ①의 '익히면'이라는 조건문으로 해석하면 '일반적인 사람들이 배우고 때때로 익히면'이 되고, ②의 '익히니'라는 인과관계로 해석하면 '공자 자신이 배우고 익히니'라고 해석된다. 그런데 이 말 뒤의 구절이 "유붕자원방래 불역락호(有朋自遠方來 不亦樂乎, 벗이 먼 곳에서 찾아오면 또한 기쁘지 아니한가)" 그리고 "인부지이불온 불역군자호(人不知而不慍 不亦君子乎, 다른 사람이 나를 알아주지 않아도 화를 내지 않으면 또한 군자가 아닌가)"와 이어지는 것으로 볼 때, 위 ①의 조건문 '익히면'으로 해석하는 것이 타당할 것 같다.

③과 ④의 '時'는 '때때로(sometimes)'의 의미도 있지만 '종종(often)'의 의미도 있다. 성현의 말씀에 이런 사소한 데까지 궁금증을 갖고 파고드는 공부꾼들도 많다. 그중 한분이자, 비재(非才)한 제자의 낮밤 없는 질문에도 마다않고 대답해주시는 나의 스승 김언종 교수님은 '時'를 '늘'로 해석하는 것도 무방하다고 말씀하신다. 그래서 위 문제의 정답은? 아직 나는 성현의 말씀에 확신할 정도로 깊이가 없다. 더 공부해보고 기회가 되면 말씀 올리겠다. 여러분들도 함께 탐구해보시라.

인간의 공부는 자연에 대한 호기심과 관심을 탐구하는 것으로서 출발했지만, 이와 함께 그간 인간이 이루고 쌓은 것들도 공부하는 지적 활동을 이어왔다. 이른바 학문의 탄생이며, 자연스레 기존의 생각과 정답이라고 여겼던 것을 의심하고 비판하면서 발전시켰을 것이다. 여기에도 질문이 곧 공부였다.

김언종 교수님은 경학시간 학기 초, 수업이 끝날 때쯤 질문이 없자 아주 실망스런 표정으로 배우기만 하고 묻지 않으면 '학문(學問)'이 아니라 '학(學)'일 뿐이다, 학문은 '묻는 것(問)'이 본연이다, 라고 학생들을 질타하신 적이 있다. 나도 그 자리에서 꿀 먹은 벙어리였다. 질문을 하자니 아직 낯선 학기 초반이라 선생님이 어려운 측면도 있었지만, 혹시 잘못된 질문으로 어설픈 나를 간파당할까 하는 두려움도 있었던 것 같다.

그러나 공부란 모름지기 '모르니까 하는 것'이다. 자신이 모른다는 것을 모르는 걸 두고 노자는 병이라고까지 했다. "지부지상의 부지부지병의(知不知尙矣 不知不知病矣)" 즉 알지 못하는 것을 알면 높이 존경받지만, 알지 못하는 것을 모른다면 병이라고 말이다.

스승은 지식의 지도를 펼칠 뿐 아니라 공부 갈래와 방법, 거리까지를 안내하는 학문의 내비게이션이기도 하다. 스승을 눈앞에 두고 묻지 못하는 것은 중증의 병자라 할 수 있으니 질타당함이 당연하다.

공자님도 "불치하문(不恥下問)" 즉 아랫사람에게도 묻는 것을 부끄러워해서는 안 된다고 말씀하셨으니 배우고자 하는 사람은 당연히 질문이 많다. 인류사에 빛나는 경전들도 모두 질문으로부터 탄생했다. '여시아문(이와 같이 들었다-부처님)', '가라사대(예수께서)' '왈(공자)', 등의 수사가 많이 등장하는 것은 모두 스승과 제자가 묻고 답하면서 공부했다는 것을 시사한다. 이를 기록하고 전한 것이 오늘날 찬란한 유산으로 남았다.

질문은 호기심, 그리고 앎의 의지에서 시작된다. 어느 철학자는 인간은 몇 살부터 늙은 것이냐는 질문에 "더 이상 호기심이 없으면 늙은 것"이라고 답했다. 열정만 있으면 젊은이라지만, 불 지필 호기심이 있어야 태울 열정도 있다. 자신의 정체성을 확인하고 싶으면 자신의 호기심과 관심이 어디에 있는지를 살피면 된다.

나이를 먹을수록 사람은 내가 웬만한 것은 다 안다고 여기는 경향이 있다. 무지할수록 그렇다고 한다. 주장도 더 강하고 더 큰 소리를 낸다고 한다. 오히려 유식한 사람은 세상은 너무 다양하고 변수가 많은 것을 알기 때문에, 자신이 아는 것도 함부로 확신하지 않는다. 그러나 무식하면 내가 아는 것이 절대 진리라고 여긴다고 한다. 이런 현상을 연구한 코넬대 교수의 두 명의 이름을 따서 '더닝 크루거 효과(Dunning Kruger effect)'라고도 하는데, 이와 비슷한 의미로 노자는 '병'이라 한 것이고, 우리말로 된 팔자성어는 '무식하면 용감하다'일 것이다. 요즘 세태에선 '꼰대짓'이라고도 부른다.

호기심 없는 젊은이는 싹수없는 젊은이보다 더 나쁘고, 호기심이 없어지는 순간 어른은 꼰대가 된다. 끊임없이 호기심을 부추기고 굳은 감성과 머리를 말랑말랑하게 만드는 데는 공부만 한 것이 없다. 공부는 끝없이 새로운 호기심을 만든다. 도전의식도 북돋운다. 심지어 설렘을 경험할 수도 있다. 나이 든 분일수록, 사랑하는 분일수록, 내가 공부를 권하는 이유이기도 하다. 그래서 본인의 관심과 호기심에 맞춰 공부거리를 찾아보라고 조언한다.

미니멀 라이프를 주장하며 '정리의 여왕'으로 세계적인 셀럽 반열에 든 곤도 마리에는 "(물건이) 설레지 않으면 버려라"라고 했다. 인생이든 공부든 사람이든 사물이든, 당신을 설레게 하는 대상, 그것이 바로 당신이 가치 있게 여기는 것이다. 당신은 무엇에 설레는가?

개인과 기업의 가치를 찾아주는 것도 질문에서 비롯된다. 뛰어난 코칭 전문가나 심리치료사, 컨설턴트는 훌륭한 질문으로 좋은 답을 찾는다. '질문사고(Question Thinking TM)'의 창시자 마릴리 애덤스도 질문을 통해 문제를 해결하고, 새로운 가능성까지 연다고 했다.

경영의 신, 혹은 경영학의 아버지로 불리는 피터 드러커도 5가지 질문으로 기업의 문제를 진단하고, 통찰하도록 도왔다고 한다.

① 조직의 미션과 존재 이유는 무엇인가?

② 고객이 누구인가?

③ 고객의 가치는 무엇인가?

④ 필요한 결과와 그 의미는 무엇인가?

⑤ 미래의 계획은 무엇인가?

이곳에 제대로 옮기고 싶지만 부족한 지면과 짧게 설명하기엔 나의 부족함이 아쉽고 안타깝다. 그러나 늘 저 물음에 답해야 하는 것이 기업가의 사명인 것은 분명하다. 훌륭한 기업가는 바로 저런 물음을 스스로 묻고 답을 내기 위해 오늘도 고민하는 사람이다.

한 가지 더 말하자면 드러커는 평생 스스로에게도 질문을 품고 살았다고 한다. "너는 죽은 뒤에 어떤 사람으로 기억되길 바라지?" 마치 스님의 공안이자 화두와 같다. 그러고 보니 화두도 나의 근원을 묻는 질문 그 자체다. 이 기회에 피터 드러커처럼 나도 나에게 묻는 하나의 질문을 만들어야겠다.

좋은 질문이 좋은 답을 만든다

내가 선생을 오래 하고 학생도 오래 하다 보니 질문의 요령도 생긴다. 방법은 별것 없다. 누구에게 질문하기 전에 스스로 먼저 찾고, 노력한 다음 모르면 물어야 한다. 내가 머리를 쓰기 싫어 의탁하듯 하는 질문은 당연히 막연한 문장으로 나오고 대답도 막연할 수밖에 없다.

질문의 품위라는 것도 있다. 본인이 귀찮아 상대를 대답 자판기처럼 여기면 좋은 대답이 나올 수 없다. 답변도 그렇다. 묻는 사람이 모르는 것을 책망하는 것은 절대 안 된다. 책망은 하찮은 것이라도 상대의 질문이 없어지는 지름길이다. 아는 것을 답하되, 상대의 질문 의도를 살피면 훨씬 더 좋은 답을 해줄 수 있다. 그는 모르기 때문에 물었고, 질문이 서투를 수 있다. 이럴 때의 '우문현답'이 먼저 아는 사람[先生]의 태도다.

선생으로서 질문을 할 때도 상대를 시험하듯 내는 질문도 금물이다. 교실의 집중력과 복습, 학업 수준을 가늠하기 위한 질문은 필요하지만, 학생의 기를 꺾거나 낮잡아 보듯 던지는 질문은 수업의 질을 떨어뜨린다. 교사의 질문은 기본적으로 학습자의 태도를 능동적으로 전환하는 데 사용해야 한다. 가끔 내가 모르는 질문이 나와도 당황하지 말자. 이럴 때 나는 "함께 찾아보자"고 말한다. 그런다고 나를 무시하지도 않거니와 학생과 라포르도 형성되고, 학습효과도 배가된다.

교실을 떠난 일상의 질문도 그렇다. "기도할 때 담배를 피워도 되나요?"라는 질문은 절대 "아니요"라는 답을 부르지만, "담배를 피울 때 기도를 해도 되나요?"라는 질문은 "예스"를 이끌어낼 것이다.

인생에 정답은 없다지만, 질문은 무수하다. 신이 인간에게 한 첫 번째 말씀도 질문으로 시작되었다. "……네가 어디에 있느냐?"(창세기 3:9) 사람도 신께 물었다. "신의 이름은 무엇이며, 나는 누구입니까?"라고 물은 뒤 모세는 하나님을 영접하고 이스라엘 백성을 구했다.

부처님도 웃음으로 묻고 답했으며[拈華微笑염화미소], 소크라테스는 아예 질문으로 가르쳤다. 줄리엣도 로미오를 처음 만나 질문부터 했다. "누가 당신을 여기로 인도하셨나요(Who guided you here)?" 그리고 영화 〈봄날은 간다〉에서 이영애도 "라면 먹고 갈래?"라는 질문으로 유지태와 관계가 깊어진다. 이건 조금 예가 이상한가? 아니다.

모든 관계가 질문에서 비롯된다. 지금 당신이 가장 사랑하면서 가까운 사람을 처음 만났을 때, 질문을 하거나 받지 않았는가? 그 대사를 기억하는가?

사소한 재미로 시작해 판을 키운다

나는 모든 것을 즐기고 싶다.
그리고 하루하루가 인생의 마지막 날인 것처럼
유쾌하게 살고 싶다.

영화 〈내가 마지막 본 파리〉 중에서

행복은 추구하는 과정에 있다

영문학 박사과정 시절, 나보다 더 공부를 좋아한 친구가 있었다. 검정고시를 거쳐 군대에서 독학사를 마치고 대학원에 온 그는 공부에 대한 열망이 무척 컸고, 독종으로 불릴 만큼 무섭게 책을 파고들던 친구다. 함께 공부를 하고 함께 술도 마시고 서로 고민과 학업, 세상사에 대해 이야기를 나누면 마음마저 편해지는, 인품도 훌륭한 친구였다. 나란히 박사과정을 마친 뒤로는 둘 다 강의와 연구로 바빠서 자주 못 보다가 어렵게 날을 잡아 만난 적이 있다.

오랜만에 회포를 풀고 술자리가 무르익으면서 공부 이야기가 나왔다. 친구는 여전히 서양 고전을 중심으로 영문학을 깊이 파고 있었으며, 나는 일본학과에 편입해 학사과정에 다니고 있을 때였다.

말끝에 친구는 잡다한 것에 관심을 갖는 나를 걱정했다. '옆으로 게걸음 치는 공부'는 바람직하지 않다는 것이다. 즉 박이부정(博而不精), 이것저것 많이 알지만 학문의 깊이가 없는 것을 염려했다. 그러나 학문에 대한 태도에 둘의 차이가 있는 것을 알기 때문에 나는 빙긋 웃고 말았다.

그는 영문학의 꼭대기에 오를 만큼 연구 업적을 쌓는 것이 꿈이었다. 반면에 나는 마음 가는 대로, 이것저것 관심이 많아 호기심이 일면 바로 공부 방향을 정했고, 꿈도 작아서 재미있으면 무엇이든 공부하는 쪽이었다.

'여러 방면으로 널리 알지만 정통하지 못함'을 이르는 '박이부정(博而不精)'은 옛적 마융(馬融)이라는 경학자가 한 말이다. 일찍이 《주역》, 《상서》, 《시경》, 《논어》 등에 주석을 달았던 그는 《춘추좌씨전》을 깊이 연구하고 주석본을 준비했다. 그러나 이미 그 책에 주석을 달았던 정중과 가규의 저작을 읽은 후, "가규의 주석은 세밀하나 넓지 못하고, 정중의 주석은 넓으나 정밀하지 못하다. 두 종류의 주석본을 합친다면 정밀하고 넓게 될 것이니, 내가 다시 무슨 주석을 가하겠는가[賈君精而不博가군정이불박 鄭君博而不精정군박이부정 旣精旣博기정기박

吾何加焉오하가언]"라고 한 말에서 나왔다.

노자도 "두루두루 아는 사람은 아무것도 모른다[博者不知박자부지]"고 했다. 내가 9개 학과를 전공하며 정(精)은 둘째 치고 박(博)이라도 제대로 하는지 모르겠지만, 부지자(不知者)라선지 그 말이 꼭 옳은 것인가는 확신을 못 하고 있다. 지금은 마융과 노자 시대와 다르기 때문이다.

예전에는 공부를 아주 일부 계층에서만 할 수 있었고, 일정한 선구자로서 또 계몽자로서 그들의 역할이 큰 만큼 공부의 깊이가 중요했다. 특히 동양에서 전통적인 공부란 국가를 다스리기 위한 세계관이자 질서, 인간의 가치관을 세우는 일이었으므로, 왕과 사대부(士大夫)의 전유물이었다.

그러나 요즘은 누구나 할 수 있고, 누구나 해야 하는 것이 공부다. 또한 지금은 선도적인 학자의 세계는 존재하지만, 모든 개인이 지식과 깨달음을 통해 사회 전체의 가치와 지식을 공유하고 의사 결정에도 참여하는 시대가 되었다. 학문의 분야도 다양해졌으며, 굳이 통섭과 융합을 들먹이지 않아도 학제 간의 교류를 필요로 할 정도로 세분화되었다. 더구나 전문 지식(specialist)과 다양한 지식(generalist)이 함께 어울려 발전해나가는 시대다.

역설적으로 워낙 변화가 빠른 세상이라 전문 지식조차도 업그레이드하지 않으면 금세 낡은 지식으로 취급받기 십상이다. 아울러 기술은 인문학을 요구하고, 인문학은 인지심리학, 행동과학 등과 함께 수리과학을 요구한다. 감히 안다고 할 수 없지만, 요즘 이공계와 경영에 종사하는 사람들에게 인문학 열풍이 불고 있는 것처럼 앞으로 인문학자도 과학적 사고와 태도를 배워야 하는 시대가 곧 올 것으로 본다.

학창 시절의 공부, 자격증과 진학·취업을 위한 공부도 필수적인데, 성인이 되어서도 공부를 멈출 수 없다. 숨차다고? 맞다. 나도 이런 이야기를 들으면 숨이 막힌다. 왜냐하면 공부는 근본적으로 어렵고 힘들기 때문이다. 특히 나처럼 머리가 나쁜 사람에겐 고역 자체일 수 있다. 이런 공부는 가장 먼저 '경쟁'이란 말을 먼저 떠올리게 하고, 왠지 치열한 '전투'를 치르듯 해야 할 것만 같다. 그래서 나는 나 자신을 위해 공부한다. 그렇게 마음먹는다. 꿈이 작아선지 남과 비교하지 않고 공부와 싸우려 들지 않는다. 꾸준히 하되 지치지 않으면 공부가 미워지지 않는다. 그래야 즐겁고, 전투적으로 하는 것과도 결과가 별반 다르지 않다.

러셀은 "행복은 추구하는 과정에 있다(Happiness is in the process of pursuit.)"고 말했다. 셰익스피어는 "끝이 좋으면 다 좋다(All's well that ends well.)"고 말했다. 둘 중 누가 맞든지 내 인생의 공부는 이런 식이면 충분하다고 생각한다.

소소하고 작은 데서 키워나간다

공부를 한참 쉬다가 다시 할 때 무엇을 공부하는 게 좋으냐고 누가 물으면, 나는 자신의 꿈이나 직업의 지평을 넓히는 분야가 좋다고 조언한다. 일반적으로 외국어 등 필요한 스펙을 쌓거나 전문 지식을 보강하는 것은 나보다 본인이 잘 알고 있으므로 조언이 별로 필요 없을 것이다.

단지 관련 분야 외에 다양한 시각을 제공하는 학문을 하길 권한다. 기계공학도인 교양영어 제자는 지금 미학을 공부하고 있고, 나와 같이 일본학을 공부하신 분은 동아시아 역사를 파고 있으며, 은퇴한 사업가는 부부 여행을 준비하느라 중국어를 독학 중이다.

그도 아니면 자신의 관심에 따라 마음 가는 대로 하는 공부도 좋을 것 같다. 수양 삼아 고전을 탐독하며 옛사람의 지혜를 엿보는 분도 있고, 당장 쓸모가 있든 없든 자격증 따는 걸 취미 삼는 분도 있다. 가정주부 경력 40년 노하우를 자랑하던 스터디 그룹의 한 분은 방송대에서 '생활과학'을 전공하고 있다.

나는 학문은 어릴 적 놀던 땅따먹기와 비슷하다고 생각한다. 바닥에 금을 긋고 처음엔 한 뼘 정도의 땅을 갖고 시작한다. 자신의 땅에서 공깃돌을 손가락으로 튀겨 선을 그어나가고, 공깃돌이 세 번 만에 자신의 땅으로 돌아오면 그만큼이 자기 땅이 된다. 무리해서 너무 멀리 튀기면, 공깃돌이 집으로 돌아오지 못하니 무조건 욕심을 낼 수도 없다.

처음엔 자신의 영토를 조금씩 확장하지만, 차츰 집이 커지면서 공깃돌의 귀환도 편하게 되고 늘린 자신의 영토와 영토 사이가 한 뼘(동네마다 적용하는 도량형은 다르다) 안으로 들어오면 그 사이의 금을 이어 자신의 땅으로 취할 수 있다. 따라서 어느 순간이 넘으면 갈수록 무한정 영토가 커지는 놀이다. 부동산에 국한한다면 외국의 재테크 놀이인 '블루 마블'보다 투자의 본질을 알려주는 놀이 같기도 하다(한국의 땅 투기와 부동산 붐도 이 놀이의 영향일까?).

공부도 소소하고 작은 지식부터 시작해서 점점 키워나가다 보면 어느 순간 영역이 커지는 경험을 하게 된다. 서로 다른 영역의 지식이 연계돼 있는 것을 알게 되고, 확장하면서 아예 관련 없을 것 같은 다른 학문이 고리를 이루는 경험을 할 수 있다. 더구나 삶의 경험이 쌓이면서 지식은 더욱 입체화된다.

친구의 말처럼 영문학도인 내가 여기저기 다른 학문을 기웃거리는 것이 게걸음 치는 것처럼 보일 수 있다. 게걸음을 '횡보(橫步)'라고 한다. 횡보는 소설 〈표본실의 청개구리〉, 〈삼대〉 등으로 유명한 염상섭의 호이기도 하다. 선생은 처음엔 기자 생활을 하면서 편집국장까지 역임했고, 소설가로 예술원 회원이 되었으며, 대학 교육자로도 훌륭하게 소임을 다했다. 언뜻 이것저것 건드리며 횡보를 한 것 같지만, 다양한 직업을 가지면서도 한국 사실주의를 개척한 대표적인 작가로, 문학사에서 빼놓을 수 없는 분이기도 하다.

공부의 게걸음을 이야기하다가 별 관련 없는 것을 끌어다 쓰는 지금의 내 글을 '횡보'라고 한다. 한국전쟁 때 정훈장교로 복무하면서 전공까지 세운 분이라, 글을 기본으로 다양한 학문이 만나 재능을 발산하려는 사례로 쓰려 했는데 뭔가 부족하고 맞지 않는 견강부회(牽强附會)를 범하고 있다. 이를 '해광구실(蟹筐俱失)'이라고 한다. '게 해(蟹)' 자에 '광주리 광(筐)' 자이니, 게도 광주리도 함께 잃은 모습이다. 즉 이익을 얻으려고 하다가 모조리 손해를 봤다는 뜻이다.

게가 들어가는 다른 고사성어로는 '착해방수(捉蟹放水)'가 있다. 게를 잡았다가[捉] 다시 물에 놓아준다[放水]는 뜻으로, 수고만 하고 소득이 없음을 비유하는 말이다. 게가 들어간 말은 모두 헛수고만을 뜻하니, 이 글은 여기서 그만두는 게 좋을 것 같다.

그러나 한마디 더 하자면, 공부가 깊고 정밀하든[旣精] 다양하고 넓든[旣博] 모두 대충하라는 것은 아니다. 모든 공부는 어렵고 힘들기 때문에, 근면해야 하고 애써야 성과가 있다. 나 자신을 위한 공부일수록 포기하기 쉽다. 어떤 연유로 시작하든 책의 첫 장을 폈으면 마지막 장을 덮을 때까지 매진했을 때, 진정한 공부의 즐거움을 깨닫는다. 학창 시절에 《수학의 정석》은 방정식과 부등식까지, 《성문

종합영어》는 제1장 동사의 종류부터 제6장 조동사까지, 토익은 문법 편까지는 밑줄이 빼곡한데 독해 편부터는 손을 베일 정도로 깨끗한 책을 가진 경험이 대부분 있을 것이다.

얼마 전 선종하신 차동엽 신부는 그의 책《무지개 원리》에서 캘리포니아 황금광 시대의 예를 들었다. 한 남자가 전 재산을 들여 광산을 개발했지만, 아무리 파도 노다지를 발견하지 못했다. 낙심한 그는 땅을 잘못 골랐다고 판단하고 광산을 헐값에 팔았다. 광산의 새 주인은 그가 두고 간 곡괭이와 랜턴이 있는 자리에서 다시 땅을 파기 시작했다. 놀랍게도 얼마 안 되어 금맥이 발견되었다. 겨우 15센티미터만 더 팠을 뿐이다.

모든 공부는 책의 뒷장을 덮었을 때 비로소 결실을 얻을 수 있다. 비록 가볍게, 사소하게 시작했더라도 모든 책과 공부는 끝까지 했을 때 의미가 있다. 깊이와 넓이 이전에 공부는 끝이 중요하다. 그렇게 결실 맺기를 반복해나가다 보면, 넓어지고 깊어지는 박대정심(博大精深)의 경지에 이르게 될 것이다.

Teaching is learning

가장 유능한 자는
부단히 배우는 자이다.

요한 볼프강 폰 괴테

질문이 곧 공부

나는 1996년 1월, 대학원생으로 보습학원에서 첫 영어 강의를 시작했다. 그간 몇 군데 학원에 면접을 봤지만 자꾸 떨어졌다. 경력이 없기 때문이었다. 나중엔 어느 학원 면접에서 거짓말로 경력을 꾸몄는데, 원장님이 미심쩍은 눈으로 나를 보며 시강을 해보라고 했다. 학원에 비치된 영어 문제집 하나를 골라 바로 시강을 했다. 열심히 했지만, 채용 여부는 미지수였다. 그런데 집에 도착하기도 전에 내일부터 학원에 나오라는 원장님의 전화가 왔다.

그 원장님은 지금까지 서로 연락하고 찾아뵙기도 하는데, 서정 시인으로도 활동하는 섬세하고 로맨틱한 분이다. 얼마 전 당신의 시집을 해외에서 출간할 때 영역을 도와드리기도 했다. 아직도 내게 말씀은 안 하시지만, 첫 면접 때 내 경력 위조를 알고도 눈감으신 것으로 짐작하고 있다. 원장님은 이미 그전에 수많은 강사를 대해봤을 것이고, 거짓말하면 귀부터 빨개지는 나를 보고 눈치채지 못했을 리가 없다. 아직 어린 대학원생의 사정을 살피셨을 것이고 시강이 마음에 들면 봐주려고 하셨던 것 같다.

밤새우다시피 첫 강의를 준비했다. 능숙해 보이려 시나리오도 머릿속으로 그려보았다. 그러나 요즘 아이들은 영악해선지 초보 강사를 원장님보다 더 빨리 알아채는 모양이다. 30여 명의 학생들이 눈을 떼지 않고 내 일거수일투족에 집중하는 바람에 잠시도 긴장을 놓을 수 없었다. 첫 질문이 들어왔다.

이럴 때 학생의 질문은 강사에게 고맙고, 요긴하다. 질문을 한다는 건 그만큼 강의 집중도가 높다는 뜻이고, 강사는 학생들의 수준을 파악할 수 있고, 강의의 틀을 벗어나 유연하게 대처할 수 있기 때문이다. 그리고 선생의 다양한 지식을 드러낼 기회도 된다.

질문이 계속 쏟아졌다. 내가 아무리 눈치가 없어도 아이들이 선생 간보려는 것이 느껴졌다.

"선생님 'enormous'가 무슨 뜻이에요?"

그 질문에 나는 '거대한'이라는 단어의 뜻과 함께 동의어 huge, titanic, gigantic, tremendous, sizable, vast, immense, bulky, colossal 등을 적고, 관련 숙어와 활용 등으로 칠판을 가득 메워나갔다. 그 후 아이들은 더 이상 영어로 나를 시험하지 않았다.

강의를 시작한 지 한 달이 지난 월급날, 원장님은 학생들이 내 강의를 재미있어한다며 월급보다 10만 원을 더 주셨다. 당시 10만 원이 적은 돈도 아니었지만, 첫 월급에 보너스를 받았다는 것만으로도 그렇게 기쁠 수 없었다.

그때 가르치는 보람을 처음 느꼈으며, 간보는 나의 학생들이 정말 좋아졌다. 강사 입장에서 선생을 간보고 집요하게 질문하는 학생들이 얄밉기도 하지만, 질문한 학생에게는 그만큼 공부가 되었을 것이고 다른 학생의 강의 집중력도 높아지기 때문이다. 인간의 뇌는 묘해서 자신이 질문한 것은 웬만해선 안 잊는다고 한다. 다른 글에서도 '질문이 곧 공부다'라고 쓴 것 같은데, 질문이 많은 학생은 대체로 공부를 잘한다.

쉽게 가르치려면 많이 알아야 한다

내가 고등학교 1학년 때인가, 영어 동명사 수업시간에 '~하지 않을 수 없다'라는 뜻의 'cannot help ~ing'라는 숙어가 나왔다. 선생님께 'help'는 '돕다'라는 뜻인데 왜 그렇게 해석되는지 여쭤보았다.

선생님은 "그냥 외워"라고 말씀하셨다. 나중에 사전을 찾아보니, 놀랍게도 사전에 'help'에는 '돕다'라는 뜻 외에 '피하다(avoid)'라는 뜻도 있었다. 따라서 '~하는 것을 피할 수 없다'는 '~하지 않을 수 없다'와 같은 의미가 된다.

그로부터 수십 년이 지나 이 표현을 가르칠 때, 나는 팝송 〈Can't help falling in love〉로 설명한다. '당신과 사랑에 빠지지 않을 수 없다'는 뜻의 이 노래를 엘비스 프레슬리의 감미로운 목소리로 불러주면 더 오래 기억할 수 있을 텐데……. 음치인 나로선 언감생심.

어느 요리사 지망생이 유명한 요리 장인(匠人)을 스승으로 삼고자 찾아갔다.

"선생님처럼 요리를 잘하고 싶습니다. 부디 저를 제자로 거둬주십시오."

무릎을 꿇고 한 수 배움을 청하는 그에게 장인은 눈길도 제대로 주지 않고 낮게 "삼고초려!"라고 말했다.

'삼고초려라. 고스톱에서 쓰리고 들어갈 때 초단을 조심하라는 뜻은 아닐 테고…….'

사전을 찾아보니, 진심으로 가르침을 받고 싶거든 세 번을 찾아가야 한다는 유비와 제갈공명의 일화를 말하는 것이었다. 묵묵히 세 번을 찾아갔다. 그런데 두 번째도 같은 말, 세 번째도 같은 말만 반복했다. 계속 세 번이 남았다.

어느 날 그는 항의했다.

"아니 유비도 딱 세 번이었는데 선생님은 도대체 세 번을 몇 번씩 하라는 겁니까?"

그러자 한심하다는 눈길로 그를 쳐다보던 장인이 다음과 같이 말했다.

"삶고 쪼려."

내가 또 썰렁했다.

아무튼 공부를 하려면 질문을 하지 않을 수 없고, 선생은 질문을 피할 수 없다. 내 고교 선생님의 '묻지 마 외워'를 탓하는 건 아니다. 주입식 교육 시대, 그땐 다 그랬다.

누구를 가르친다는 것이 보람 있지만, 한편으론 힘들고 어려운 일이라는 것을 그때 처음 알았다. 미국의 작가 게일 고드윈(Gail Godwin) 은 "훌륭한 가르침은 1/4이 준비기간, 3/4이 현장에서 이루어진다"고 했다. 하지만 머리 나쁜 나는 그 몇 배의 시간을 들여야 했다. 쉽게 설명하는 일은 많이 알지 못하면 불가능하다. 비록 중고등 과정의 영어라도 각 과정과 단락의 내용을 완벽하게 소화해야 강의를 할 수 있기 때문이다.

교육부에서 수립하는 '제○차 교육과정*'이라는 것이 있다. 시대에 따라 각 과목별·학년별로 교육 목적과 목표, 학습 범위와 지침 등이 세부적으로 잘 설명되어있다. 책으로도 만들어져 있어, 서점에서 구해 읽고 그 안에서만은 완벽하게 강의하려고 노력했다. 놀랍게도 내 공부가 많이 되었다. 오히려 대학원 공부보다 더 효과적이었다고 해도 무리가 아닐 정도였다.

멋모르고 외운 공부와, 나이 들어 세상을 이해하고 보는 공부는 효과가 많이 달랐다. 인생의 경험이 많을수록 공부가 잘 되고, 늦공부가 건망증으로 잃는 것보다 넓은 시야와 경험으로 얻는 것이 더 많다는 내 주장은 이때부터 시작된 것인지도 모른다(과학적으로 밝혀진 사실이라고 이 책 어딘가에 썼다).

제자로부터 배운다

교재와 교육과정의 범위를 넘는 질문에도 영어라면 능숙하게 답해야 했다. 선생이 깔보이면 교실은 엉망이 된다. 아이들이 간을 보든 어쩌든, 선생으로서 얼버무리거나 '묻지 마'로 넘어가는 부끄러운 노릇은 할 수 없잖은가. 더구나 나는 귀[耳]에 마음[心]이 들었는지, 부끄러우면[恥] 귀가 빨개져 금방 들키고 만다.

---

* 1차 시기~7차 시기까지는 ○차라는 표현을 했는데, 이후 개정년도를 앞에 써서 2007 개정, 2009 개정, 2015 개정이라고 표현했다. 현재는 2015 개정 교육과정이고, 10번째 개정이다.

어느 직장인 대상 자기계발 교육기관에 강의를 간 적이 있다. 강의실 입구에 걸린 "Teaching is learning.(가르치는 것이 곧 배우는 것이다)"이라는 문구를 보고 무릎을 쳤다. 딱 맞다. 그때의 경험은 내가 대학에서나 직장인 대상 고급영어를 가르칠 때도 많은 도움이 되었다.

한편 지금도 공부할 때, 교재를 한 번 훑고 난 후 누구에게 설명 혹은 가르치듯 복습하고 있다. 가르치는 입장에서 단원을 보면 조금 더 넓게 보이고 핵심이 잘 드러나므로, 효과적인 공부법을 묻는 이에게 권하는 방법이기도 하다. 이와 비슷한 방법으로, 선생의 입장이 되어 스스로 문제를 내면서 푸는 공부법도 효과적이다.

그러고 보니 보습학원 시절, 질문을 유도하기도 했지만 문제도 많이 냈다. 선생의 지식도 중요하지만, 학습 효과의 절반 이상이 학생들의 집중력에서 나온다는 것을 깨달았기 때문이다. 아이들이 좋은 질문이나 답을 하면 작은 대가를 주기 위해 늘 사탕 같은 것을 가방 가득 준비했으며, 특히 강의 내용만큼 유머 준비에도 힘썼다.

학교 공부에 지친 아이들에게 오후 시간은 늘 졸립고 산만한 시간이다. 그때 집중력을 높이려면 달콤한 사탕만큼이나 유머가 쓸모가 많다. 웃음은 조는 아이를 깨우고, 분위기를 부드럽게 해주면서 자연스레 환기를 시켜준다. 틈틈이 유머 책을 탐독해 가급적 공부 관련 주제에 맞춰 웃기면, 아이들이 기억도 잘 하고 선생과의 친화력도 높아진다.

문제는 내가 강의실에선 애드리브도 제법 하는데, 곧이곧대로 성격이라 유머에 약하다는 것이다(그래서 비밀인데, 아내가 알면 혼날지 모르지만 유머 강의를 돈 내고 수강한 적도 있다). 앞에서 말한 '삶고 쪼려' 수준의 유머에도 다행히 아이들이 잘 웃어주었고, 실제로는 아이들이 훨씬 더 재치가 넘쳐 내가 말솜씨를 오히려 많이 배우기도 했다. 《탈무드》에 나오는 "나는 스승에게서 많은 것을 배웠고, 친구에게 더 많이 배웠으며, 제자들에게는 훨씬 더 많은 것을 배웠다"는 그 말이 딱 맞다.

유쾌한 채점 시간

단어 시험을 매일 냈다. 모든 언어 공부의 기본은 단어이다. 특히 전쟁 같은 입시를 치러야 하는 아이들에게 영단어는 방아쇠에 손만 대도 튀어나가는 총알처럼 넉넉히 준비가 되어야 한다. 아직 뇌가 말랑말랑한 나이라서 잘 외워지기도 하고 평생을 써먹을 수 있다.

그러나 아이들에게도 외우기가 쉬운 일은 아니다. 채점을 하다가 엉뚱한 답에 혼자 빵 터져 웃은 날이 한두 번이 아니다.

S로 시작하는 '물개'의 영단어를 쓰라고 문제를 냈더니, 한 아이는 'swimming dog'이라고 적었다. 정답은 'seal'이다. '신화(m___)'라는

문제에 'musician'이라고 답한 아이도 있었다. 정답은 'myth'인데 이 학생은 남성 그룹가수 신화를 생각한 모양이다. '순록(reindeer)'은 'rudolph', '과체중(overweight, obesity)'은 'over kg'라는 답도 있다. 아이들의 기발한 상상력에 감탄의 박수를 보내고 싶었던 적이 한두 번이 아니다.

한번은 노동을 하고 받는 돈을 뜻하는 'wage(임금, 賃金)'의 해석을 쓰라고 했더니, 한 아이가 답을 '왕'이라고 썼다. 왜 그랬냐고 물으니 "임금이나 왕이나 똑같잖아요"라고 대답한다.

'He is a two-timer.'를 해석하라는 문제에 '그는 알람시계 두 개를 동시에 맞춰놓았다'라고 쓴 답도 있었다. 정답은 '그는 양다리이다'다. '그는 두 탕 뛴다'라고 답한 친구도 있었다. 아무튼 채점 시간은 내게 가외의 즐거움을 주는 유쾌한 시간이다.

"아는 것과 가르치는 것은 별개다(To know is one thing, to teach is another)." 교육학과에 다닐 때 자주 듣던 말 가운데 하나다. 선생에게 아무리 지식이 많아도 강의 기술이 부족하면 쓸모가 없다는 뜻이다. 그래서 모든 교사는 교육 내용뿐 아니라 강의 기법도 늘 연구한다. 그 시절 톡톡 튀는 재치로 많이 웃겼고, 정답도 가장 잘 맞히고, 얄미운(?) 질문을 많이 해 사탕도 많이 먹은 그 여학생은 나중에 교사가 됐다는데, 정말 좋은 선생님이 되었을 것이다.

군사부일체 vs 청출어람

후생가외(後生可畏)는 뒤에 태어난 자가 두렵다는 뜻이다. 두렵다는 것은 후학이 언제든 나를 넘어 업적을 남기는 큰사람이 될 수 있으니 가벼이 여기지 말라는 뜻으로 읽을 수 있다. 또 후학에게 부끄러움 없이 공부하고 늘 성찰하면서, 제자가 자신을 뛰어넘게 하라는 뜻도 담겨 있다. 청출어람(青出於藍)을 고대하는 순자(荀子)의 마음이랄까. 스승이 임금과 같고 아버지와 같으니[君師父一體] '그림자도 밟지 말라'는 말이 있다지만, 진정한 스승이라면 내 그림자를 밟더라도 후학이 나를 능가하길 바랄 것이다. 특히 요즘 시대에 스승이든 학생이든, 서로 돌아볼 이야기다.

나는 지금까지 운이 좋아 훌륭하신 선생님을 많이 만났다. 방송대 국문학과에 재학 중일 때 손종흠 교수님은 "선생(先生)은 가르치는 데 목숨 거는 사람이고 학생(學生)은 배우는 데 목숨을 거는 사람입니다"라며, 공부와 공부생활에 관한 것이라면 24시간, 365일 자신을 이용하라고 하셨을 때, 큰 감동을 받았다. 한편으론 선생으로서 내가 그런 사람인지를 생각해보니, 가슴이 덜컥 내려앉기도 했다. 맹자는 군자의 즐거움을 다음과 같이 노래했다.

父母具存 兄弟無故 一樂也(부모구존 형제무고 일락야)

仰不愧於天 俯不怍於人 二樂也(앙불괴어천 부부작어인 이락야)

得天下英才而敎育之 三樂也(득천하영재이교육지 삼락야)

부모님이 모두 살아계시고 형제자매들에게 아무 일 없는 것이 첫 번째 즐거움이고,

위로 하늘을 향해 부끄러움이 없고 아래로 땅을 굽어볼 때 부끄러움 없는 것이 두 번째 즐거움이고,

천하의 영재를 얻어 이를 교육하는 것이 세 번째 즐거움이다.

지금까지 나를 가르치며 즐거움을 드리긴커녕 민폐만 끼쳤을 스승님들이 생각난다. 문자학과 경학을 재미있게 가르쳐주신 김언종 교수님은 지금 쓰고 있는 이 글도 빠짐없이 체크해주시는 수고를 마다하지 않으셨다. 제자가 아니라면 이런 잡글에 왜 바쁜 시간을 내시겠는가.

다정하고 온화하게 한문학을 가르쳐주신 윤경희 교수님, 한문학의 깊은 의미를 깨닫게 해주신 심경호 교수님, 백화문과 한문학 전반을 가르쳐주신 윤재민 교수님, 필사본을 알아보는 눈을 갖게 해주신 정우봉 교수님, 언제나 부족한 나를 옆에서 지켜봐주시고 격려해주신 임준철 교수님, 한문 산문 비평의 깊이를 알려주신 송혁기 교수님께도 진심으로 감사드린다.

스승에 대한 고마움이라도 지극히 개인적인 것을 이곳에 쓰는 것은 마땅치 않다. 이 글을 읽는 분들께 죄송하다. 그러나 누구라도 이 기회에 고마운 선생님을 생각하는 시간이 되면 좋겠다.

죽자고 공부했는데 잊어버리면?

기억을 증진시키는
가장 좋은 약은 감탄하는 것이다.

《탈무드》 중에서

강의 도중, 브레인페이드

몇 년 전 토플 강의를 할 때였다. 모처럼 수준 높은 강의라 철저히 준비를 했다. 수강생들 중에는 외국에서 공부한 사람도 있고 각 분야의 박사급이 즐비한 터라 다소 긴장도 되었지만, 준비 과정은 내게 공부도 되고 내 영어 실력을 새롭게 정비하는 느낌도 있어 나름 즐거운 시간이었다.

강의는 국제 시사 뉴스와 영어를 결합해 신조어나 최신 영어 표현을 살펴보는 것으로, 프레젠테이션 방식을 활용했다. 해외 뉴스 지문에 빈칸을 만들어 그곳에 들어갈 단어를 수강생들이 맞히는 참여형 수업으로 구성했다. 영어 실력뿐 아니라 시사도 알아야 빈칸을 채울 수 있고, 빈칸에 어떤 단어를 넣느냐에 따라 문장 전체의 뜻이 달라지기도 한다. 수강생들은 정답을 맞힐 때보다 오답이 나오면 더 즐거워하는 것 같았다.

강의가 끝날 무렵 아무도 못 맞히는 문제가 나왔다. 시간을 조금 끌다가 흥미가 떨어질 때쯤 짠, 정답을 공개하면 문제의 함정에 빠진 수강생들은 탄성을 지를 것이고, 내 머릿속에 그려놓은 멋진 연출을 성공적으로 마치게 된다.

그런데 아뿔사, 갑자기 그 단어가 떠오르질 않는다. 피가 마르는 것 같았다. 보통은 아는 단어가 갑자기 생각나지 않을 때 그 단어를 처음 익혔던 전체 문장이나 내용 또는 유사어나 접했던 장소, 매체 같은 걸 연상하면 기억이 돌아온다. 그런데 이 단어는 가출할 때 모든 인연을 정리하려고 굳게 마음먹었는지 시냅스에 흔적조차 남기지 않았다.

할 수 없이 잊었다고 솔직히 고백하고 가방에서 단어를 써놓은 프린트물을 찾으려는데, 이건 또 웬일인가! 가방이 없다. 프린트물이 없는 게 문제가 아니다. 가방엔 다른 책과 노트도 들었고, 휴대폰도 들었고, 아침에 현금을 찾아 넣은 빵빵한 지갑도 들었다.

생각이 여기까지 미치자, 순간 눈앞이 캄캄하고 머릿속이 아득해지기 시작했다. 나는 누구? 여긴 어디? 학우들도 놀라 소동이 벌어졌다.

결론부터 말하자면, 가방은 뒷자리에, 프린트물도 이미 강의 전부터 탁자 위에 얌전히 놓여 있었다. 갑자기 당황하니 연속적으로 상황 파악이 안 되었던 때문이다. 어느 정도 상황이 정리가 되면서 숨을 고를 때, 갑자기 단어가 떠올랐다, 브레인페이드(brain-fade)!

이 단어는 신조어로, '멍함'이라는 말이다. brain은 '두뇌', fade는 '사라지다'라는 뜻인데, 합쳐서 '두뇌가 사라진다'고 해석하면 의미가 이상해진다. brain-fade는 '두뇌 속의 생각이 사라져 멍한 상태'를 뜻한다. 과한 인터넷 사용을 경계할 때 많이 쓰며 '지루함'을 뜻하는 속어로도 사용한다. 이렇게 신조어뿐 아니라 잘 쓰는 단어조차 갑자기 생각 안 날 때가 있다.

한바탕 소동이 가라앉고, 안도의 한숨과 함께 어리바리한 나 자신을 탓하며 강의는 웃음으로 마무리되었다.

건망증, 웃픈 해프닝

마침 단어도 그랬고, 소동의 여파로 강의 후 질문 시간 주제가 '건망증'이 되었다. 주로 사십대 이상들이 고백한 건망증 이야기는 대체로 이렇다.

밤새 공부한 내용을 잊은 것은 물론, 본인이 밑줄 친 곳에 왜 밑줄을 친 건지 한참을 생각했다. 논문 자료를 도서관에 두고 나왔는

데 그걸 잊은 사실을 그다음 날 도서관에서 그 논문을 보며 알았다. 자기 나이를 쓰는데 헷갈려 한참 연도를 계산했다.

이 밖에도, 통화를 하며 전화기를 찾느라 온 방을 돌아다녔다. 커피숍 진동 벨을 가방에 넣어 집에 왔다. 체온을 잰다고 체중계 좀 갖고 오라고 말했다. 곤드레밥이 생각 안 나 드래곤밥을 먹을 뻔했다. 택시를 타고 기사에게 전설의 고향 가자고 했는데 택시 기사는 묻지도 않고 그를 예술의 전당에 내려주었다, 등등의 이야기가 이어졌다.

이런 건망증 에피소드는 우리 주변에 차고 넘칠 만큼 흔하다. 나도 며칠 전 '스쿼시'가 생각 안 나 "벽에다 대고 테니스 치는 게 뭐지?" 아내에게 물었더니 아내가 그런 것도 잊었냐며 벌써 치매라고 날 놀리기도 했다. 그런 본인은 정작 어느 학생에게 "왜 마스코트를 했냐"고 나무랐다고 한다. 어안이 벙벙해진 학생이 하고 있던 것은 눈썹 마스카라였다.

에피소드가 하나씩 나올 때마다 모두들 빵 터지며 웃었지만, 공부가 주업인 사람들로선 마냥 웃지만은 못할 웃픈 사연들이기도 하다. '죽자고 공부했는데 잊어버리면?' 이건 공부하는 사람들 누구나 갖고 있는 치명적인 공포다.

쉬는 시간에 그동안 이야기를 가만히 듣고 있었던 이십대 청년이 조용히 한마디 한다.

"근데요, 아까 그 브레인페이드 말예요, 실은 저도 알고 있는 단어였어요. 근데 정말 생각이 안 나더라고요."

그 친구 말로는 얼마 전 시험에 잘 나오겠다 싶어 단어장에 옮겨 적고 심지어 손으로 써가면서까지 외웠는데, 강의 시간에 정말 한 글자도 생각이 안 났단다. 하긴 생각해보면 우리가 외웠지만 잊은 단어가 도대체 몇 개인가. 단어뿐 아니라 어느 과목의 지식도 공부한 것에 비해 잊은 것이 훨씬 더 많지 않은가.

그러므로 나이가 많든 적든 필연적으로 공부는 인풋(input)에 비해 저장량이 늘 적은 것이 당연지사다. 이 놀라운 진실을 간과하고 우리 스스로를 너무 과소평가한 것은 아닌지. 아니면 나이를 핑계로 공부를 게을리 하고 있는 것은 아닌지.

공부에 유리한 중년의 뇌

실제로 인간의 뇌는 30세를 정점으로 감퇴하기 시작하지만 학습을 못할 만큼은 아니라는 것이 과학적 사실로 입증된 바 있다. 또한 오히려 중년 이후에는 통찰력과 종합적 판단력·직관력·언어능력 면에서 훨씬 뛰어난 능력을 발휘한다는 결과도 있다.

여성 심리학자 셰리 윌리스의 연구에 의하면, 40~65세 사이 중년의 뇌는 인지력·언어 기억·공간 정향·귀납적 추리에서 최고의 수

행 능력을 보였다고 한다. 그러므로 뇌의 작용을 기반으로 하는 학습, 즉 공부는 만학도에게 더 유리한 측면도 있다고 결론 내릴 수 있다.

단지 나이가 들면 들수록 생활과 환경이 다층·다면적으로 복잡해지고 활동 범위도 넓어져 기억할 것이 너무 많아지므로 건망증이 올 수는 있다. 그러나 나이 든 사람이 젊은 사람에 비해 공부가 모자랄 이유는 없다. 그러므로 나는 모든 공부의 성과는 나이와 상관없이 얼마나 집중하고, 몇 번을 반복하느냐에 달려 있다고 믿는다.

우리 기억을 담당하는 뇌는 모든 것을 저장하기에는 용량의 한계가 있으므로 지식을 단기 기억할 것과 장기 기억할 것, 그리고 이를 인출하는 것으로 구분한다. 즉 지식을 입력하거나, 깊이 저장하거나, 그리고 이를 회상해 인출하는 세 가지 기능으로 이루어져 있다. 이는 뇌 효율을 극대화하는 방식으로, 잠깐 사용할 중국집 전화번호를 기억할 때와 이사한 자신의 집 전화번호를 다른 방법으로 저장한다는 것이다. 이런 뇌 작용이 멈추는 현상을 흔히 '치매'라고 부른다.

뭐라카더라?

내 처가는 경북 영천이다. 장인어른께선 이런저런 말씀을 하시다가 자주 "뭐라카더라?" 하고 기억을 더듬으신다. 아직 치매도 아니신데, 말이 혀끝을 맴도는데 바로 나오질 않는다고 하신다. 영어에도 "It's on the tip of my tongue.(혀끝에서 맴돈다)"이라는 표현이 있으니 서양인도 비슷하게 겪는 현상인가 보다.

장인어른은 다섯 자녀를 키우며 대학까지 보내시느라 노심초사, 그간 너무나 많은 일들에 관심을 기울이며 기억해야 했기 때문일 것이다. 그래서 자잘한 기억을 일일이 기억할 여유가 없어진 것뿐이다. 가정주부들이 잘 잊는 것도 그래서다.

물론 80세가 넘으면 차츰 기억이 흐려지고 치매가 생길 수도 있다. 그러나 개인적인 노력에 따라 치매를 피해 갈 수도 있다. 가장 효과적인 방법이 공부라는 것은 과학자는 물론, 요즘 사람들이 대부분 아는 사실이기도 하다. 내가 중년이나 노인들께도 공부를 권하는 이유이다. 뇌는 쓸수록 확장된다는 것도 과학적으로 검증된 사실이기 때문이다.

건망증과 치매의 차이

그럼 건망증과 치매의 차이는 무엇일까? 건망증은 단순 망각이고 치매는 이중 망각이다. 점심밥을 먹었는데 저녁에 메뉴가 기억나지 않으면 건망증이지만, 점심밥을 먹었다는 사실조차 잊어버리면 치매다. 술 마시고 나서 부인이 예뻐 보이면 건망증이고, 항상 부인이 예뻐 보이면 치매라고 한다. 물론 뒤는 우스갯소리다.

그러니까 내가 강의 도중 가방을 어디에 두었는지 잊은 것은 건망증이며, 당황해서 그곳이 강의장임을 잊고 내가 누구인지조차 몽땅 잊은 것은 일시 치매이며, 나나 20대 학우나 브레인페이드의 뜻이 생각나지 않은 것은 뇌에서 인출할 만큼 제대로 저장하지 않았기 때문이다.

참고로 뇌는 스트레스를 받으면 기억력이 한없이 위축된다. 그러니 공부를 앞에 두고 나이로 상심하거나 자신감 없어 한다면, 간단한 사실조차 기억을 못하게 된다는 점을 기억하시라.

다른 사람이 한 번에 능하면 나는 백 번을 하고

결론적으로 나이와 기억은 공부 역량과는 거의 상관이 없다. 잊는 것은 뇌의 자연스러운 작용이니, 거듭 파고들고 인출하는 과정을 반복하는 것만이 공부를 잘하는 비결이다. 공부는 뇌에 새기는 장기기억을 위한 과정의 전부다.

미국 프린스턴 대학의 심리학자 조지 밀러(George A. Miller)가 말한 '매직넘버 7'의 법칙이 있다. 인간이 여러 개의 정보를 짧은 시간에 묶어서 기억할 수 있는 단기기억 용량이 7±2개라는 것이다. 후속 연구들을 통해 최근에는 평균 3~4개로 인정되고 있다.

그런데 단기기억 용량은 인간의 관심 분야에 따라서 많아질 수도 있고 적어질 수도 있다고 한다. 라면을 별로 안 좋아하는 사람에게 3초 내에 라면 종류를 말하라고 하면 삼양라면, 농심라면 등에서 그칠 것이다. 그러나 라면을 매우 좋아하는 사람은 곧바로 삼양라면, 고추라면, 김치라면, 신라면, 너구리, 생생우동, 열라면, 된장라면, 진짜진짜라면 등을 줄줄 꿸 것이다.

즉 관심(=학습과 기억)에 따라 뇌가 기억하는 정도가 다르기 때문이다. 동양에선 이 뇌의 작용, 공부에 대한 핵심을 미리 꿰뚫고 있었다.

"人一能之 己百之 人十能之 己千之(인일능지 기백지 인십능지 기천지)."

이 말은 "다른 사람이 한 번에 능하면 나는 백 번을 하고, 다른 사람이 열 번에 능하면 나는 천 번을 한다"는 뜻이다. 이 문장의 출처가 뭐라카더라? 아,《중용》이다.

바보의 공부법

세계는 한 권의 책이다.
여행하지 않는 사람은
그 책의 한 페이지만 읽는 것과 같다.

아우렐리우스 아우구스티누스

공부에는 왕도가 없다

일 년 전, 경기천년대축제에서 내가 '공부 장인'으로 선정되었다는 연락이 왔다. 여기서 말하는 장인(匠人, master)이란 숙련된 기술자로 일정 경지에 오른 사람 혹은 예술가를 가리키며, 흔히 TV에서 나오는 '달인'보다는 좀 더 상위 개념일 것이다. 막상 '장인'이라는 명예를 주신다니 여러 이유에서 미안하고 고맙고 쑥스러웠다. 나를 추천하고 뽑아주신 분들께는 진심 죄송하지만, 수상자가 조금 미흡했다는 걸 이 자리를 빌려 밝히는 것을 용서 바란다.

방송대만 하더라도 훌륭한 공부꾼 고수가 많다. 그분들의 깊은 내공과 높은 경지에 비하면 나는 장인이나 달인은 고사하고 숙련에도 미치지 못함을 고백한다. 열심히 꾸준히 한 것, 그리고 미흡하나마 다른 이의 공부를 돕는 것을 미쁘게 봐주신 것이라면, 가문의 영광과 나의 행운을 섞고 겸양의 말을 보태야 겨우 발을 들이밀 수 있다.

정말 기분 좋은 수상이었지만, 장인이 되었는데도 나는 솔직히 공부 기술이랄 게 없고 달인의 노하우 하나 갖지 못했다. 누가 공부 방법을 물으면 그저 "공부에는 왕도가 없다"고 대답하는데, 물은 사람은 성의 없는 답이거나 폼 잡는 것으로 여겨 섭섭해하는 경우도 있다. 그런 곤란함을 피하려고 나름 내 방법을 더 설명해주긴 하지만, 이미 누구나 알고 있는 흔한 방법이라 쓸모가 있을지 모르겠다.

공부 잘하는 사람들의 공부법

내 경험과 공부 잘하는 사람들을 만나면서 느낀 공통점을 뽑아보면, 대부분은 현실적이고 구체적인 공부 목표가 있다. 목표에 따라 시간, 학습단원 등을 계획하고 철저히 실천한다. 계획은 절대 무리하게 세우지 않고, 공부시간을 유지하면서 꾸준히 늘려나간다. 당연히 강의에 집중하지만, 예습보다는 복습을 더 중요시한다. 자신이 아는 것을 거듭 확인하며 잊은 것은 다시 공부한다. 즉 반복학습을 실천한다.

보다 좋은 건 인출 연습을 하는 것이다. 반복학습을 한 다음 문제를 풀거나 시험을 보면 좋고, 아니면 외우고 이해한 것을 자신만의 관점에서 노트로 정리한다. 외국어라면 자꾸 써먹는 연습을 하는 것도 좋다.

나는 메모를 많이 하고 공부 노트가 많은 편이다. 수업 시간은 물론, 평상시 복습할 때에도 보거나 생각난 것들을 바로바로 적는다. 책에 밑줄도 많이 긋는다. 그래서 내 책은 지저분하다. 복습하기가 좋고, 기억을 더듬을 때 도움이 되기 때문이다. 또 해당 영역에 대해 나만의 정리를 하는데, 이때도 노트를 쓴다.

이 방식은 코넬대학 노트법과도 비슷하다. 코넬대학 노트법은 노트 왼쪽을 기준으로 제목, 필기, 단서, 요약 등 네 영역으로 구분한다. 제목 영역에는 강의 주제와 일자를 적는다. 필기 영역에는 강의를 들으면서 중요하다고 판단되는 정보와 아이디어를 가능한 한 많이 읽기 쉽게 적는다. 단서 영역에는 필기 영역에 적은 내용을 집약하는 핵심어를 적는다. 요약 영역에는 각 페이지의 필기 영역에 적은 내용을 한두 문장으로 요약해 적는다.

이 노트법은 코넬대학에서 학습 효과를 높이기 위해 1950년대에 개발해 발전해온 것이다. 단순한 방법이지만 내가 설명하기에는 지면을 많이 쓰게 되니, 궁금하신 분은 인터넷을 검색해보기 바란다. 아무튼 공부하는 분들께 강추!

메모와 노트의 장점은, 나중에 찾아보기도 쉽지만 쓰는 행위가 이미 뇌 깊숙이 새기는 방법이라는 것과, 쓰는 동안 지식과 정보가 뇌에 마련된 생각의 책장 속에 일목요연하게 정리된다는 것이다. 커닝페이퍼를 만들다가 공부가 된 경험이 있는 것처럼, 노트의 효과는 나만이 아니라 모두 다 아는 것이기도 하다.

한 가지 더 추가하면, 때와 장소를 가리지 않고 공부하는 것이다. 교실과 도서관, 지하철 등 틈나는 대로 공부할 곳은 많다. 나는 길거리 전단이나 간판에서도 모르는 단어나 호기심이 생기는 것이라면 뭐든 바로 검색해서 외운다.

요즘 사회는 외래어는 물론 외국어를 사용하는 경우가 잦으니 일상생활에서 단어를 외우거나 신조어를 익히기에 좋은 기회가 많다. 이런 습관은 영어에 빠졌던 어린 시절에 들였는데, 그땐 노트에 적어두었다가 사전을 찾아보았지만, 지금은 모바일 검색으로 즉시 찾아볼 수 있는 시대가 되었다. 버스에서 처음 보는 단어를 검색했다가 그날 시험에 등장한 행운을 누린 경우도 있다. 아마 'vaudeville(노래, 춤, 곡예, 마술 등이 섞인 희가극, 버라이어티쇼)'이었을 것이다.

팝송 등 외국 노래를 들으며 외국어 공부도 할 수 있고, 전단지나 기사를 통해 트렌드를 읽거나 시사 상식을 숙지하는 부수적인 효과도 누릴 수 있다. 물론 이런 것은 시험을 앞두거나 집중력을 요구하는 공부와 다르긴 하다. 그러나 공부에 미쳐라, 작은 시간도 아껴 써라 등의 무조건 공부를 권면하거나, 수험생 부모처럼 몰아세우려는 것이 아니다. 공부할 의도를 갖고 있으면 장소와 시간 상관없이 다양한 공부거리를 찾을 수 있다는 뜻이다.

"삼십 분이란 티끌과 같은 시간이라고 말하지 말고, 그 동안 티끌과 같은 일을 처리하는 것이 현명하다"라는 괴테의 말은 인생을 닦달하며 살라는 것이 아니라, 시간을 효과적으로 쓰라는 의미일 것이다.

감옥도 학교다

김대중 대통령은 감옥에서 공부를 한 것으로 유명하다. 독방에 홀로 앉아 러셀의 《서양철학사》, 플라톤의 《국가》를 비롯해 천여 권을 넘게 탐독했으며, 오십 줄이 넘어 시작한 영어 공부는 출감 후 상당한 수준에 이른 것으로 알려져 있다.

지도자로서 그의 혜안과 통찰력, 철학이 배인 정치력과 화술은 그의 독서와 공부에서 나왔음을 익히 짐작할 수 있다. 내 생각이지만, 그분의 감옥공부는 수감생활의 외로움, 정치적 불안과 개인적 고통을 이겨내는 좋은 수단이 아니었을까도 싶다.

공부에 관해서는 신영복 선생의 말을 빼놓을 수 없다. 그분은 '工

夫'라는 한자를 파자(破字)해 '공(工)'은 하늘(一)과 땅(一)을 잇는 것이며, 부(夫)는 하늘과 땅(二)을 사람(人)이 연결하는 것이라고 했다. 즉 공부는 사람이 주체적으로 하늘과 땅을 받아들이는 것으로, 인간과 세계 그리고 나에 대한 올바른 인식을 키우는 것이며, 인간은 스스로를 성찰하고 공감하고 창조하고 실천하는 존재라고 했다. 당신이 임의로 해석한 것이지만, 우리 시대의 공부 지표이자 후대에 고전 경구로 남을 혜안이다.

감옥을 학교 삼아 공부하고, '감옥으로부터의 사색(신영복 선생의 책 제목이기도 하다)'에서 나온 이런 성찰은 이렇게 또 우리를 깨우친다. 선생의 이어진 말로 "공부는 머리에서 가슴으로, 가슴에서 발로 이어지는 여행"이라고도 했다. 여행이란 머리로 인식했으면 가슴으로 공감하고 창조하며 발로 실천하라는 의미다.

간서치의 여행법

이와는 영 다른 의미지만, 내가 부담 없이 즐기는 또 다른 공부는 여행이다. 옛날 방구석에 틀어박혀 책만 읽던 간서치들 중에도 여행을 좋아했던 선비들이 많다. 임금의 부름조차 거부하고 공부와 가르침에 전력한 유학자 남명 조식 선생도 지리산 유람에 나서 〈유두류록(遊頭流錄)〉이란 기행문을 썼으며, 별명 자체가 간서치인 이덕무 선생도 청나라를 다녀와 〈연행록〉을 남길 정도였다.

우리가 잘 아는 기행문의 표본인 《열하일기》를 쓴 연암 박지원은 또 어떤가. 점잖고 매사 신중했을 것 같은 다산 정약용 선생조차 명례방(지금의 명동 부근)에서 여럿이 술을 마시다가 폭우가 오려고 하자, 일행을 재촉하고 말을 달려 비 오는 세검정의 풍치를 즐겼다고 한다. 모두 자연을 관찰하고 즐기며 다양한 사람살이와 풍습을 익히는 것 또한 사대부의 공부로 삼은 까닭일 것이다.

서양의 현자들도 여행을 권했다. 이미 4세기의 사상가인 아우구스티누스는 "세계는 한 권의 책이다, 여행하지 않는 사람은 그 책의 한 페이지만 읽는 것과 같다"고 했다. 그 자신이 여행을 즐겼고, 여행을 통해 얻은 것이 많기 때문에 이런 말을 하지 않았을까.

괴테는 대문호 이전에 '여행가'로 불릴 만큼 평생 여행과 등산을 멈추지 않았다. 그의 저작 《이탈리아 기행》은 아직까지 전 세계에서 읽히고 있으며, 대작 《파우스트》에도 그의 여행 경험이 잔뜩 스며 있다. 그러니까 여행은 발과 눈, 오감의 공부인 것이다. 동양에선 "백문이 불여일견(百聞 不如一見)", 서양에선 "보는 것이 믿는 것(Seeing is believing.)" 이란 명구가 남은 것도 그런 이유일 것이다.

물론 노자는 방구석에서 공부만 해도 "불출호 지천하(不出戶 知天下, 집 밖을 나가지 않고도 천하를 안다)"라 했고, 칸트는 평생 자신의 쾨니히스베르크(오늘날의 러시아 칼리닌그라드) 고향 집에서 150킬로미터 이상 밖으로 벗어난 적이 없다고 한다. 그래도 당시 세상을 뒤집을 날카로운 혜안을 기르고, 시대를 전복하는 사상을 설파하는 데는 전혀 부족함이 없었다. 이분들은 전형적인 '앉아 구만 리', '알아야 보인다'의 대표적인 인물이다. 그러니 여행이 공부의 필수 조건은 아니다.

물론, 내 여행은 대단한 경륜과 깊이를 위해 떠나는 것이 아니라, 그냥 좋아서 간다. 여행을 좋아하는 모든 사람이 그렇듯 복잡한 일상에서 벗어나는 것만으로도 행복하다. 떠남과 동시에 머리와 가슴이 비워지며, 그 자리에 무언가 차오르는 느낌이 좋다. 오죽하면 관광학과에까지 입학했겠는가. 나중에 문화교양학과에 입학한 것도 알고 보면 여행의 묘미를 더 즐기기 위해서다.

두 과를 전전하며 내 여행이 풍부해진 것은 사실이다. 깃발을 따라다니며 관광 코스만 돌던 단체 해외여행객에서, 이젠 혼자나 아내와 둘이 따로 코스를 정해 다니는 배낭여행을 즐기고 있으니까. 여행을 따로 공부해서 숙달되고 익숙해져서가 아니다. 단체여행보다는 자신이 보고 듣고 즐길 것을 고르기 수월해졌고, 자신의 기호를 주제로 삼아 계획할 줄도 알게 되었다는 뜻이다.

유럽 미술관 탐방, 혹은 그 동네 사람들의 삶을 들여다보는 뒷골목 탐색, 쉬면서 자연 그대로 어슬렁거리기, 현지 공연이나 뮤지컬 감상 등이 그렇다. 나는 단체 깃발여행이든, 혼자 그 나라 문화와 삶에 깊이 밀착해보는 여행이든, 트레킹이든, 따로 등급이 없다고 생각한다. 여행을 가서 무엇을 보고 무엇을 느꼈느냐가 중요하다고 생각하기 때문이다. 그러나 억지로 무엇을 느끼려고도 하지 말고, 꼭 남는 게 있어야 하는 것도 아니다. 여행은 그 자체로 의미가 있기 때문이다.

관광학과를 다닐 때 배운 것에 의하면 여행은 심리학자 이소아홀라(Iso-Ahola)가 말한 '일상으로부터의 탈출'과 플로그(Stanley Plog)의 '신기성(新奇性) 추구'다. 즉 새로운 것을 보는 것만으로도 여행은 의미가 있다. 나 같은 경우에는 현지인들과 이야기를 나누며 생활영어가 녹스는 것을 방지하고, 새로 배운 중국어·일본어를 익히는 데 도움을 받기도 한다. 이는 누구나에게 효과적인 외국어 공부 '인출 연습'이니, 무조건 막 써보길 권장한다.

문화교양학과에선 또 다른 여행 법을 배운 계기가 되었다. 편입 후 음악·미술·공연 등 예술과 문화를 접하는 것으로 내 부족한 교양을 채울 수 있어 좋았다. 특히 문화교양학과는 학우들끼리 우정도 깊어 애정이 많이 가는 학과다. 학우들 중에는 해당 분야 전문가들이 많아 공연과 전시 등을 같이 보며 '살아 있는 예술'을 경험할 수 있었다.

그중 최고는 과동아리 모임인 '모란 문화유적 답사회'였다. 이 동아리는 주로 국내 답사여행(fieldwork)을 많이 하는데, 졸업 후에도 역사문화여행을 이어가고 있다. 답사의 사전적 정의는 어떤 일 또는 사건이 일어났거나 일어나고 있는 현장에 가서 실제로 보고 조사하는 것을 말한다. 우리는 여행 삼아 떠나지만, 학교와 책에서만 보던 지식이 입체적으로 되살아나는 것을 느낄 수 있다.

내가 태어난 정읍에는 화장실 벽면에도 '달하 노피곰 도ᄃᆞ샤'로 시작하는 백제 가요 〈정읍사(井邑詞)〉의 가사가 붙어 있다. 친근한 고향의 노래이자 국어시간에 달달 외우고 시험에도 자주 나왔던 그 가사도 답사여행을 가면 달라 보인다.

등잔 밑이 어둡다고, 흔하게 접하던 그 노래가 한밤 공원에서 함께 달을 보면 옛 백제 여인의 한과 간절한 사랑을 몸으로 느낄 수 있다. 기도한 결과 여인의 남편은 그날 무사히 돌아왔을까? 이 노래의 리듬은 어땠을까? 그때도 정화수를 놓고 빌었을까? 이런 궁금증을 놓고 학우들과 이야기를 나누다 보면 객쩍은 농담도 나온다.

정화수(井華水)는 첫새벽에 길은 맑은 우물물을 뜻한다. 옛날 한 선비가 길을 가는데 한 여인이 정화수 대신 죽을 떠놓고 기도를 하는 것이었다. 선비가 궁금해 물었다.

"왜 정화수가 아니라 죽을 떠놓고 기도하시는 거요?"

여인이 대답했다.

"죽은 사람 소원도 들어준다고 하지 않습니까?"

지금 3초 안에 웃지 않으신 분은 유머 센스가 없는 사람이다. 여인이 말한 것은 '죽은 사람(dead person)의 소원'이 아니라 '죽(soup)은 사람의 소원'이다. 또 아재 개그로 흘렀지만, 가만히 그 여인의 마음을 헤아리고 남편이 꼭 무사히 돌아오길 함께 빌며 '어긔야 어강됴리 아으 다롱디리' 후렴구를 되뇔 수도 있다.

답사여행으로 북으로는 연천의 호로고루 성에서 국사 시험에서 나를 괴롭히던 '장수왕의 남하정책'을 눈으로 보며, 아차산 답사와 함께 엮어 고구려 최후의 전투인 임진강 배수진을 피부로 느끼는 시간이었으며, 아래로 내려와 내가 사는 남한산성을 거쳐 아랫녘 윤선도의 보길도까지 정말 수없는 곳을 다녔다.

알다시피 윤선도의 〈어부사시사〉 40편은 우리 옛시조 중 절창 중의 절창이다. 제주도에 가다가 풍랑을 만나서 잠시 들른 보길도의 매력에 빠져 이곳에서 여생을 보낸 시조의 대가 윤선도는 85세까지 살았다. 아직 남아 있는 그의 정자 세연정(洗然亭)을 돌아보면, "찌그덩 찌그덩 어여차 신선의 세계인가 부처의 세계인가? 인간 세상이 아니로다"라고 노래한 이유를 알 수 있다. '세속의 때를 벗어 던지는 정자'라는 세연정의 이름만큼이나 인근의 풍치도 가히 절경이지만, 가만히 거닐면 그의 절창이 귓전을 울리는 듯하다.

지금도 답사회는 여행지와 날짜가 공지되면 순식간에 인원이 마감될 정도로 인기가 높다. 출발 버스 안에서 TV로 여행지에 대한 설명을 듣고 사전공부를 하기도 하지만, 시간이 지나면서 회원 스스로 공부를 해 오고, 서로 공부를 공유하기도 한다. 이런 매력을 알게 해준 분이 모란 문화유적 답사회를 이끄는 박인준 회장님이다. 실명을 쓰는 게 본인과 읽는 분께 실례가 되는 줄 알지만, 여행의 또 다른 묘미를 가르쳐준 선생님 같은 분이기 때문에 밝힌다.

답사인 만큼 반드시 사전에 답사지의 역사·문화에 대한 공부가 필수이며, 인근 교통과 맛집 정보까지를 두루 꿰어 준비해야 한다. 사진으로 자료를 남기는 것도 답사여행에서 필수 과정이므로 사진 담당도 꼭 필요하다.

이 모든 것이 회장님을 비롯한 운영진들의 수고로 이루어진다. 특히 사전조사를 넘는 역사·문화에 대한 깊이와 해박함을 갖추어야 하는데, 지역 문화해설사 뺨치는 실력으로 이 모임을 이끌고 있는 분이니, 누군가의 공부는 성현을 비롯한 또 다른 누군가에게 빚을 지고 있는 것인지도 모른다. 그 빚을 다른 누군가에게 갚는 것 또한 공부하는 사람의 도리다.

목적 없는 공부는 기억에 해가 될 뿐이며,

머릿속에 들어온 어떤 것도 간직하지 못한다.

레오나르도 다 빈치(Leonardo da Vinci)

3부

초일류 대학으로 오라

공부하는 행운

10분 뒤와 10년 후를 동시에 생각하라.

피터 드러커

오늘은 기말고사 날입니다

플라타너스 나뭇잎이 한창 성성해질 무렵, 해마다 유월이면 전국 13개 방송대 지역대학과 시·군 학습관 그리고 팔도의 각 시·군 중고등학교에는 특별한 풍경이 펼쳐진다.

인근 지하철과 버스에서 내린 나이와 성별도 제각각인 사람들이 책가방을 들거나 두툼한 책을 들고, 도로를 따라 한방향으로 어디론가 가고 있다. 새파란 이십대 청년부터 칠십은 족히 넘어 보이는 연세 드신 할머니까지. 나이와 성별도 제각각인 이 무리들은 언뜻 보면 일상 풍경과 다를 바 없지만, 자세히 보면 책을 읽으며 걷거나 손바닥 크기의 메모장을 들고 무언가를 외우면서 가고 있다.

성남시학습관의 풍경도 그렇다. 간간이 골목길 차량에서 내린 사람의 등 뒤로 운전자가 "파이팅!"을 외치거나, "잘해!" 라는 소리가 들리기도 한다. 이곳은 바로 지역 방송대 시험장이며, 오늘은 방송대 기말시험을 치르는 날이다.

교정에 들어서면 빈 교실이나 독서실, 심지어 벤치나 계단에 앉은 학생들이 저마다 초치기 공부를 하느라 여념이 없다. 밤새 공부했지만 아직 부족하다고 느끼는 학생도 있을 것이고, 다른 일로 바빠 시험공부를 못한 사람도 있을 것이다. 혼자 또는 삼삼오오 모여 무언가를 외우거나 밑줄을 치면서 공부하는 사람들의 간절하고 필사적인 모습을 보면 덩달아 나도 긴장이 된다.

벤치 한구석에 앉아 책을 펴는데, 옆자리에 스무 살 남짓한 여성과 오십대 정도의 한 분이 영어 기출문제집을 놓고 머리를 맞대고 공부하고 있다. 시험을 치를 학생은 엄마고 딸은 엄마를 도와주기 위해 온 것 같다.

딸이 문제를 읽어주고 엄마가 답을 맞힐 때마다 감탄사 섞인 딸의 추임새가 장단을 맞춰 흥에 겨울 정도다. 가끔 오답이 나오면 조근조근 설명하는 딸의 콧등엔 땀이 송골송골 맺혔고, 엄마는 하나라도 놓칠세라 미간의 주름을 잡고 있다. 발음과 설명으로 보아 딸은 상당한 영어 실력자였고, 짐작컨대 아마 집에서도 엄마의 영어 공부를 지도하는 것 같다.

두 모녀의 흐뭇한 모습에 정신이 팔려 내 공부마저 잠시 잊는다. 이런 광경은 방송대에선 종종 볼 수 있는 광경이다. 원격 교육기관인 방송대도 연간 두 번의 기말시험은 학교에 등교해 시험을 치르는데, 시험날이면 어느 대학 못지않게 진지한 학생들과 가족들이 따라와 응원하는 모습을 많이 볼 수 있다.

네 시간 후 시험이 끝나는 시간도 그렇다. 수험자인 아내를 마중나온 남편과 아이들이 수고했다며 꼭 안아주거나, 부모의 등굣길을 격려하기 위해 정문에서 기다리는 자식들과 만나는 장면은 이 학교에서만 볼 수 있는 따뜻하고 아름다운 풍경이다. 공부하며 가장 가까운 가족의 응원과 도움을 받는다는 건 누구라도 부럽고 흐뭇한 일일 것이다.

가족이라는 행운

한편 방송대엔 젊은 사람들도 많은데, 내 영어 강의를 듣던 청년 하나도 일반 대학을 다니다가 방송대에 편입했다고 한다. 형편이 어려워 공부를 중단했었거나 학위가 필요해서 들어왔나 싶었다.

그런데 그의 말은 뜻밖에도 전에 다니던 대학 생활이 너무 생산적이지 않아서 그만두었다는 것이다. 일반 대학의 교과 과정, 교수들의 수업 양태, 등교 시간 등 에너지를 다른 데 많이 빼앗겼다고 한다. 차라리 방송대에 다니면서 지식은 정선된 강의를 통해 쌓고, 공부는 자기 시간에 맞춰 하면서, 남는 시간은 하고 싶은 일에 투자하는 게 바람직하다고 생각했다고 한다. 옳다 싶으면서도 부모님 반응이 궁금해서 슬쩍 물었더니, 쿨하게 지지하셨다는 것이다. 하긴, 나도 그의 진취적이고 성실한 태도를 익히 보아온 터라 그의 선택이면 무엇이든 믿음이 갈 것 같긴 했다.

결국 공부는 사회적 시선과 학위 취득이라는 목표에 앞서, 본인의 선택이라는 자율성이 중요하다. 공부가 자기주도적으로 삶을 살며 행복을 영위하는 하나의 방편일 때, 그때가 진짜 공부의 시작일 것이다. 그 친구도 대단하지만 흔쾌히 허락하시는 부모가 계시다는 것 역시 그 친구의 행운일 것이다.

그런 면에서 보면 무슨 도장 깨기 하듯 여러 학문을 섭렵하면서 평생 강의실을 기웃거리는 나를 간섭은커녕 학문 동지 삼아주는 아내와 가족이 내겐 큰 복이다.

공부하다가 거실 책상에서 꼬박 밤을 새운 날, 잘생긴 얼굴도 아니고 그렇게 공부해서 맨날 남 주고 다니지만, 공부하는 당신의 뒷모습이 가장 멋지다며 내 등을 두드려주고 출근하는 아내가 가장 큰 행운이다. 이런 장을 만들어준 방송대를 만난 것도 행운임이 틀림없다.

방송대엔 가족 동문이 많다. 처음엔 가족이 공부하는 모습을 지켜보고 응원하다가, 시간이 지나면서 호기심을 갖게 되고, 자극을 받아 입학하는 분이 상당수 있기 때문이다.

소일거리가 없어 가족에게 은근히 신경 쓰이는 존재였던 칠십대 아버지가 방송대에 입학해서 공부에 매진하셨다. 날이 지날수록 활기를 찾으셨고, 이전과 달라진 아버지 모습을 지켜보던 사십대 아들이 아버지에게 물었다.

"그 연세에 어디에 쓰려고 그리 공부를 하세요?"

아버지의 대답은 그 흔한 한마디, "학이시습지 불역열호아"였다. 그 말에 아들도 방송대 문을 두드려 부자가 나란히 방송대에서 만나는 사이가 되었다. 가족끼리 공부의 기쁨을 함께 나누고 서로 응원하는 각별한 사이가 되는 것만 한 행운이 또 있을까 싶다. 지역학습관도 같은 곳을 다니실 것이고, 그곳에서 만난 부자가 "유붕자원방래 불역락호(有朋自遠方來 不亦樂乎)"하지 않을까.

나의 가족들-방송대 동문의 인연

내가 박사학위를 마치고 다시 방송대에 편입한 것은 형의 영향이 컸다. 형도 이미 물리학 전공으로 학부를 마친 상태에서 다시 방송대 경영학과에 다니고 있었는데, 처음엔 사회생활을 하며 부족한 부분을 보충하기 위해 공부를 한다더니 졸업을 하고 또 다른 학과에 편입을 하는 것이었다.

나는 그때 석사과정에 있을 때라 나름 이유가 있을 거라고 생각하고 넘어갔는데, 나 또한 비교문학에 관심이 가면서 부족한 동양학을 보충하려고 방송대 중문학과 편입을 결정하게 됐다. 그러나 첫 도전은 처참한 실패로 끝났다.

당시 영문학 석사과정에 있었고, 학원 영어강사로 활동하면서 방송대까지 다니려니 도무지 정신을 차릴 수가 없었다. 솔직히 방송대 공부를 쉽게 여긴 탓도 있었다. 막상 방송대는 내가 다니고 있는 대학과 다를 바 없이 수준이 높았고 공부 밀도가 빡셌다. 결국 방송대를 중도 포기할 수밖에 없었다.

나는 영문학 박사학위를 따고 나서 다시 방송대에 관심을 갖기 시작했다. 형은 이미 세 번째 학과에 다니고 있었고, 동아리와 여러 스터디 모임은 물론 봉사활동에도 열심이었다. 특히 공부는 박사인 내가 놀랄 정도로 매진하고 즐기는 것이었다.

형은 "우물은 깊이 팔수록 그에 맞도록 넓게 파는 게 필요하고 산이 높으려면 자락이 커야 하듯, 공부를 깊이 하기 위해서는 다양한 학문을 섭렵해야 한다"며 내게 방송대를 추천했다. 늘 가까이 살며 부모님을 대신해 나를 챙기고 이끌어왔던 형이기에, 첫 경험의 쓴맛을 털고 다시 관광학과를 지망하게 되었다.

이후 제대로 맛본 방송대 생활은 신천지였다. 언어만 공부했던 내게 관광학은 새롭고 신선했다. 여행을 좋아해서 선택한 학과였으나 마케팅에 대해서도 눈뜨는 계기가 되었다. 명승지를 배경으로 사진만 찍고 오는 여행 수준에서 벗어나 답사와 관광 등 다양한 여행의 깊이도 알게 되었다. 다른 사람의 여행을 도와줄 수도 있게 되었고, 덕분에 관광영어 실력도 늘었다. 아울러 방송대 동기들을 만나 '함께 하는 공부'의 맛도 들였다.

형과 나의 공통 관심사가 생기면서 둘이 함께 만나는 날과 대화가 늘고 공유하는 것이 많아졌다. 남들이 보면 형제간의 대화가 아니라 무슨 학술 토론회 같다는 이야기를 듣기도 했다.

이후 나는 국문학과에 입학했는데, 여동생은 이미 국문학과를 졸업했고, 형은 네 개 학과를 졸업한 뒤 나보다 늦게 국문학과에 편입해 우리 삼남매는 나란히 국문학과 동문이 되기도 했다. 국문학과는 아니지만 학생들을 가르치는 일을 하는 내 아내도 청소년교육과를 졸업하면서 방송대 동문의 인연을 추가했다.

아버지는 어린 시절 대개의 형제 많고 가난한 집이 그랬듯, 공부를 많이 못 해 아쉬움이 많은 분이었다. 어린 시절에 학교를 못 다니면서도 호롱불 아래서 글을 읽은 분이라, 학교 가는 것만으로도 큰 복이란 말씀을 자주 하셨다. 어른이 되어서도 형제가 사이좋은 게 행복이라던 우리 어머니. 지금은 두 분 모두 돌아가셨지만, 그분들의 바람대로 우리 남매들은 가족이라는 인연을 넘어 함께 공부하며 이야기를 나누는 것으로 큰 복과 행복을 누리고 있는 것 아닐까?

시험이 시험 들게 하고 문제가 늘 문제다

암기를 얼마나 열심히 했는지, 혹은 얼마나 많이 아는지가 중요한 것이 아니다. 중요한 것은 아는 것과 모르는 것을 구분할 줄 아는 능력이다.

아나톨 프랑스

준비 없는 백점은 없다

"선생님께서는 다 아시는 내용일 테니 시험공부 따로 안 해도 돼서 좋으시겠어요."

학습관 독서실에 막 앉으려는데 옆자리 학우님이 대뜸 하는 말이다. 안 그래도 코앞에 닥친 기말고사 준비를 하려고 만사 제쳐놓고 나온 터라, 그냥 웃는다.

어느 시험이든 준비 없이 치를 수 있는 시험은 없고, 아무리 뛰어난 능력자라 해도 시험을 앞두고 공부를 안 하면 백점 답안을 낼 수 없다는 게 내 경험이자 지론이다. 내가 영어 공부를 꽤 많이 했다지만, 당장 방송대 영문학과 영어 시험지를 갖다 놓는다면 만점을 장담하기 어렵다.

관광학과에 다닐 때 〈영문학사〉를 일반선택 과목으로 수강했었다. 그전 학교 학부에서 A⁺를 받은 과목이기도 했고, 중간고사에서 30점 만점을 받은 적이 있어 가볍게 생각하고 별 준비 없이 기말고사를 치렀다. 그러나 막상 시험지를 받아보니 'F학점 나오면 어쩌지?' 하는 생각이 먼저 들었다. 다행히 F는 면했지만 좋은 학점을 얻지는 못했다. 시험은 참 얄궂다. 인간은 망각의 동물이고 아무리 공부해도 모르는 게 있는 건 당연하지만, 출제 범위가 정해져 있고 배운 지도 얼마 안 됐는데 왜 틀렸냐고 하면 할 말이 없다.

죽자고 공부해도 성적이 안 나온 적이 허다하니 학생에게는 늘 시험이 문제다. 시험은 시험하는 것이며, 시험은 곧 문제니, 문제없는 시험이 없어서 늘 문제다. 이 말장난은 오랜 세월 시험을 보아왔어도, 늘 시험이 어렵게 느껴지는 학생의 푸념이니 용서해주시기 바란다.

성적은 계량화한 나의 학문적 위치다. 점수가 실력의 전부라고 말하긴 어렵지만, 최소한 노력의 대가이자 실력을 측정하는 데는 그만한 것이 없기도 하다.

방송대는 중간고사와 출석수업, 리포트 점수를 합쳐 30점, 기말고사 점수 70점, 합산 100점으로 한 학기 성적을 평가한다. 부득이 출석수업에 참여하지 못한 경우에는 기말고사 시험일 일주일 전에 객관식 15문항으로 된 출석대체 시험을 볼 수 있다.

기말시험은 객관식 35문항(25문항인 경우도 있음)으로 출석대체 시험과 함께 문항당 2점씩이며, 25문제가 나온 시험은 문제 항목에 따라 2~4점까지 배점이 다르다. 이를 중간고사 성적과 합쳐 60점이 안 되면 과락이며, 과락 없이 총 140학점을 이수하면 졸업을 할 수 있다.

방송대인들의 기말고사는 초미의 관심사다. 성적을 차지하는 배점도 높아 치열하게 공부한다. 한 학기 수업 전체가 시험 범위인 경우가 많아 막상 시험 준비를 하다 보면 만만치 않은 공부량을 요구한다.

한편 객관식이라고 우습게 보면 큰코다친다. 주관식은 아는 만큼이라도 기술하면 어쨌든 점수는 나오지만, 객관식은 단원 전체를 확실히 파악하지 못하면 답을 맞히기는커녕 문제의 뜻조차 이해하기 어렵다. 게다가 출제자는 공부한 사람만 풀 수 있도록 교묘하게 문제를 꾸미고, 때론 비틀고 함정을 판다.

여기서 잠깐! 설마 국립대 교수님이 무슨 악취미가 있어 학생들이 틀리도록 일부러 문제를 조작하시겠는가. 자신이 가르치는 학생들에게 사랑이면 몰라도 무슨 억하심정이 있어 시험으로 두통과 복통, 긴장과 불안과 초조, (나 같은 경우) 탈모까지 조장하시겠는가.

알다시피 시험은 그간의 학습 상태를 점검하는 차원의 통과의례다. 당연히 교수님들은 가르친 영역의 핵심과 중요도에 대한 이해, 아울러 학습 수준을 가늠하기 위해 문제를 내는 것이다. 시험이 자극이 되어 학생들이 더 열심히 공부하도록 독려하려는 의도도 있다.

푸념 삼아 학생 입장에서 시험의 고통을 과장하긴 했지만, 공부를 다지고, 시험에 도전하고, 통과하는 기쁨과 학점을 따는 재미도 쏠쏠하니, 시험의 효용이 꽤 많은 것 같기도 하다.

방송대의 사지선다형 시험은 10만 재학생의 답안지를 일일이 평가해야 하는 거의 불가능한 채점 작업 때문이기도 하지만, 50년에 가까운 역사의 학교 연혁(1972년에 설립된 국내 최초의 원격 대학)에 쌓인 노하우가 들어 있어 서술형에 비해 문제 수준이 떨어지지 않는다. 학생 수가 많은 만큼 경쟁도 심하고 공부 수준이 높고 상위권 실력이 촘촘하다.

당연히 장학금에 도전하려면 남다른 열정, 노력과 성실이 필수다. 시험은 70점 이상이면 통과하는 절대평가인 데 비해 장학금은 상대평가다. 상위 5%는 학기 등록금 전액 면제이고, 14%는 반액 면제다.

나는 스무 살 이래 성적 장학금을 놓쳐본 적이 없다. 공부가 좋아 평생 공부하기로 마음먹은 만큼 공부를 즐기기로 했고, 이런 자신과의 약속을 지킨 결과 좋은 성적을 낸 것 같다. 그래서 시험 때가 되면 많은 사람들이 내게 시험 잘 보는 방법을 물어오곤 한다.

처음엔 내가 무슨 시험 기계도 아니고, 그런 방법이 어디에 있나 싶어 그냥 "열심히!"라고 말했다. 나중엔 성의 없고 건방져 보일 수도 있고, 이 주제로 스터디 강의를 부탁해 오는 곳도 있어서 나름대로 정리해보긴 했다. 그때의 강의 내용을 이곳에 옮기긴 하지만, 공부와 시험에 왕도가 없다고 여기는 터라 이런 잔기술이 소용이 될지는 모르겠다.

시험공부는 이렇게

시험 잔기술인 만큼, 강의할 때 했던 '평상시 차곡차곡, 열심히!' 같은 말은 뺐다. 또 중요도 순으로 나열한 것도 아니고, 반드시 이렇게 해야만 하는 것도 아니다. 그저 내 방식임을 미리 밝힌다.

나는 시험공부를 시작하면 일단 지난 강의를 다시 듣고, 교재를 훑으며 복습 삼아 시험 준비하는 것을 원칙으로 한다. 그리고 최근 3년간의 기출문제를 찾아 공부한다.

만약 시간이 빠듯해 지난 강의와 교재를 제대로 못 봤다면 기출문제부터 먼저 푸는데, 이때 정답만 체크해 공부하는 것은 위험하다. 기출문제는 유형만 비슷할 뿐 똑같은 문제가 나온다는 보장이 없기 때문이다. 기출문제의 정답만 외운다면 연필 굴리기를 하겠다는 것과 다를 바 없다. 요행히 똑같은 문제를 만날 수도 있겠지만, 매우 드문 경우다.

기출문제를 풀 때는 교재를 옆에 놓고 문제와 상관있는 곳을 찾아서 일독한다. 이 방법의 장점은, 문제 유형을 살피면서 출제자가 중요하게 여길 만한 대목을 파악할 수 있는 것이다. 출제자의 의도를 읽을 수 있게 되면 다른 챕터의 문제 유형도 유추되고, 어느 항목을 집중해서 봐야 하는지 대략 감이 온다. 이와 비슷한 방법으로, 강의나 교재를 복습할 때 단락마다 문제 유형을 만들면서 외우거나 이해한다. 자기 스스로 문제를 내고 답하는 방식은 시험공부를 넘어 장기적인 학습 방법으로도 효과적이다.

해당 시험만을 위한 메모장을 마련해서 요점을 정리하기도 한다. 글로 쓰기도 하고, 과목에 따라 계통도를 그리기도 하는데, 외워야 할 중요한 것은 따로 손바닥만 한 페이퍼에 정리해둔다.

끝까지 외워지지 않는 영어단어의 경우 첫 음소만 적어놓고 이동할 때 꺼내보면서 확실히 기억하는 것과 그렇지 못한 것을 점검하기도 한다. 어떤 이는 고교 때 커닝 페이퍼를 만들다가 절로 외워져 커닝할 필요도 없이 100점을 맞았다고 하는데, 나 역시 손으로 쓰면서 외우는 것이 뇌에 훨씬 더 잘 새겨진다는 사실을 경험상 잘 알고 있다. 이는 요즘 학습 메커니즘 연구자들이 입증한 방식이기도 하다.

한 번에 여섯 과목을 보는 기말고사는 그 특성상, 과목에 투자하는 시간을 사전에 골고루 배분해서 공부 계획을 짜야 하는 것이 기본 중의 기본이다. 사람에 따라 다르겠지만 과락보다는 전 과목에서 고른 성적을 올리는 것이 여러 모로 낫다.

시험공부 노하우(?)라는 게 겨우 이만큼이다. 여기에 시험장 팁을 추가해보겠다.

좋은 결과를 부르는 시험장 팁

① 시험 준비 기간에는 시험 직전까지 공부하는 것이 중요하다. 사람의 기억 메커니즘에서 가장 중요한 변수는 시간이다. 시험 보기 직전에 본 지식은 시험장에서 결코 잊는 법이 없다.

기말고사 날이면 수험생들은 아무리 자료를 적게 가지고 온다고 해도 가방 한가득이다. 언젠가 시험날, 모두 책을 뒤지느라 여념이 없는데, 오직 한 분만 컴퓨터용 사인펜 한 자루를 들고 명상에 잠겨 있었다. 이런 경우는 공부를 다 하고 오셨거나, 행운의 여신이 강림하길 빌거나 둘 중 하나다. 나는 부디 이분이 전자의 경우이길 빌었다.

② 시험이 시작되고 바로 아는 문제를 만나면 좋지만 막상 문제 첫머리부터 막히면 상당히 곤혹스럽다. 이럴 때 당황하지 말고, 문

항에 표시를 해둔 뒤 건너뛰고 다음 문제부터 풀어야 시간을 아낄 수 있다. 어느 과목이든 시험마다 아주 쉬운 문제, 쉬운 문제, 보통 문제, 어려운 문제, 아주 어려운 문제가 골고루 섞여 있다. 쉬운 문제에서 어려운 문제 순서로 시간을 안배해서 풀도록 한다. 표시해둔 어려운 문제는 마지막에 차분히 풀도록 한다.

③ 아무리 급해도 문제 지문은 꼼꼼히 읽어야 한다. 사지선다형이다 보니 '맞는 것'과 '틀린 것'을 찾는 문제가 많은데, 자칫 급한 마음에 거꾸로 알고 정답을 잘못 기입하는 경우가 많다. 또 '~를 무엇이라고 하는가?'라고 묻는 단순형 문제도 있다. 그럴 때는 지문을 읽으면서 먼저 밑줄을 그어두는 습관을 들이면 실수가 없다.

④ 기말고사는 컴퓨터용 사인펜으로 OMR 카드에 정답을 기입한다. 1학년 새내기나 나이 드신 분들 중 사용법이 익숙지 않아 실수하는 경우가 종종 있고, 문제 푸는 데 집중을 못하는 일도 있으니 시험 보기 전에 미리 연습을 해보는 것이 좋다.

작년 겨울 기말고사에서 나는 학번을 잘못 기재하는 실수를 한 적이 있다. 시험이 끝나고 성적을 확인하는데 화면에 성적이 누락돼 있었다. 허겁지겁 전화를 해보니 학번을 잘못 기재했던 것이다. 다행히 며칠 후 학교에서 대조 작업을 거쳐 해결되었지만, 방송대학생 13년차 베테랑도 이런 사소한 실수를 한다. 그날 졸지도 않았는데 내가 왜 그랬는지……, 가슴을 쓸어내린 날이었다.

"원숭이도 나무에서 떨어진다"라는 말처럼 익숙한 것이라도 시험은 긴장을 늦추면 안 된다. 이 속담을 영어로 하면? "Even a monkey falls from a tree."라고 하면 콩글리시다. 정답은 "Even Homer sometimes nods." 직역하면 "호머와 같은 위대한 작가도 가끔 졸 때가 있다"인데, "호머와 같은 위대한 작가도 가끔은 졸면서 쓰는 것 같은 졸작이 있다"라는 뜻이다.

아무튼 시험은 대부분 준비한 노력에 성적도 비례하지만, 반드시 꼭 그런 것만은 아니어서 마법 같은 결과가 나올 때도 있다. 영문과 학부 시절, 피치 못하게 수업을 못 들은 친구를 위해 시험 범위를 요약 강의해주었는데 그 친구는 A^{+}가 나오고 나는 A^{0}가 나와 억울했던 적이 있다. 또 방송대 기말고사 후 어느 학우가 선생님 덕분에 100점이 나왔다고 감사 문자를 보내 왔는데 정작 나는 한두 개 틀린 시험도 있었다. 그들에게 해준 내 강의가 완벽했던 걸까? 아니다. 시험은 원래 그런 것이다.

우스갯소리로 "사지선다형 문제는 외우는 데 두 달 걸리고 까먹는 데 하루 걸린다"는 말이 있다. 기왕에 어렵게 방송대에 들어와 공부하는 것을, 시험을 위해 공부하고 까먹으면 되겠는가. 성적에 연연하기보다 공부를 하기 위해 시험을 본다고 생각하면 조금 더 여유롭게 시험을 대할 수 있을 것이다.

이상 나의 시험공부 방법과 시험장 팁이 도움이 되었는지는 모르겠다. 그러나 방송대뿐 아니라 모든 자격증 시험이나 공무원 시험 등도 시험공부 요령은 이와 비슷하지 않을까 싶다.

방송대는 누구나 처음에는 청운의 뜻을 품고 입학한다. 그러나 벚꽃이 필 때쯤 리포트를 쓰다가 중도에 탈락하는 사람들이 많고, 기말시험에서 과락으로 통과하지 못하는 경우도 많다.

방송대 졸업률은 입학생 대비 20%에 불과하다. 따라서 방송대를 4년 만에 논스톱으로 졸업했다는 것은 성실의 보증수표나 다름없다. 게다가 전 학년에 걸쳐 장학금을 받은 사람은, 내가 기업 인사 담당자라면 무조건 일순위로 발탁할 것 같다. 성실함을 한 단계 더 넘어서는 사람이기 때문이다.

사지선다형을 넘어

아는 사람은 좋아하는 사람만 못하고,
좋아하는 사람은 즐기는 사람만 못하다.

공자, 《논어》 중에서

장엄마 덕분이에요!

"야호~ 합격입니다. 이제 졸업식만 남았어요."

"ㅊㅋㅊㅋ, 근데 저도요~^^"

지난 학년 말 기말고사가 끝나고 성적을 열람하는데 요란스레 카카오톡 수신음이 연달아 울린다. 나의 방송대 국문학과 후배님들 스터디 그룹 단톡방의 알림 소리다. 나를 포함해 단톡방 멤버들 대부분이 기말시험에 통과한 것 같다.

"모두 축하드립니다. 고생하셨습니다!"

나도 메시지를 올린다.

"우린 모두 장엄마를 닮아 머리가 좋은가 봐요. 장엄마 덕분이에요, 감사합니다!"

이분들에게 4년 동안 스터디 강의를 해드렸다. 졸업여행에도 동행해 아침 일찍 일어나 아침식사로 콩나물라면을 끓이고 유부초밥을 만들고 커피까지 내려드렸더니, 어느새 내 별명이 장엄마가 되었다.

"오해십니다. 저 머리 무지 나쁜 거 수백 번 고백했잖아요. 학우님들이 돌연변이십니다."

"ㅋㅋㅋ"

"ㅎㅎㅎㅎ"

모두 기쁜 마음으로 자축 메시지를 올리면서 축하와 격려 메시지가 휴대폰을 넘쳐날 기세다.

하나의 산을 오르고 하산을 마친 뿌듯함이랄까, 기쁨이랄까. 방송대는 입학 후 과락 없이 한 학기당 6과목 18학점, 총 140학점 이상을 이수하면 졸업할 수 있다. 이분들은 140개의 만만찮은 봉우리를 넘고 하산지에서 축하 파티만 기다리는 사람들이다.

방송대 입학과 졸업은 굽이굽이 긴 산자락을 오르고 거친 계곡을 건너면서, 턱밑까지 숨이 차고, 때론 지치고, 때론 상처를 입거나 낙오도 하고, 자신에 대한 불만으로 절망과 번민 속에 수없이 포기를 생각하기도 하는 긴 여정이다. 2월 말경 방송대 졸업식이 다른 대학 졸업식보다 특별한 의미를 지니는 것은 잠실 올림픽공원에서 열리는 성대한 규모보다, 입학 정원의 20%만 졸업하는 엄격한 학사 관리를 통과한 분들만 참석할 수 있기 때문이다. 입학은 쉽지만 졸업은 어려운 방송대에도 80:20의 파레토 법칙이 적용된다.

다음은 무슨 공부할 것인가를 놓고, 단톡방 수다가 다음 날까지 끊이질 않는다. 졸업의 기쁨도 좋지만, 돌아보니 눈 깜빡하는 사이에 졸업이라며 아쉬워하는 분도 있고, 나처럼 이미 네다섯 개의 학과를 섭렵한 분들도 있다. 모두 공부의 단맛에 중독된 분들이다.

이분들처럼 내게 다음 학과 선택에 대해 묻거나 처음 방송대 입학을 의논해 오는 분들도 많은데, 나는 가급적 본인의 일과 관련되거나 관심이 있는 분야, 학문적 호기심이 생기는 분야를 선택하라고 조언한다. 아울러 공부하기 쉬운 분야를 찾기보다 어렵더라도 진정한 공부를 하겠다는 마음가짐으로 선택하는 게 우선이다.

사람마다 형편과 경우, 목표가 달라 딱히 기준이 어떻다고 설명하기 어렵지만, 과정을 마친 후 스스로 '마음에 꽉 차는 공부'를 했다고 느끼는 게 가장 중요하다. 즉 시험 통과가 아니라 학생으로서 학사과정의 기쁨을 누리는 게 먼저라는 뜻이다.

흔히 "사지선다형 문제는 시험을 마치는 순간 모두 시험장에 놓아두고 온다"고 농담을 한다. 시험을 통과하고 졸업은 했지만 남는 게 없다면, 이는 방송대의 장점을 충분히 누리지 못한 것이다. 입학 목적이 비록 졸업장과 학위를 따는 데 있다 하더라도, 꽤 만만찮은 시간과 공력을 들였는데 그저 단편적인 시험 지식만 남았다면 뭔가 억울할 것 같다는 생각이다.

방송대 사용 설명서

방송대는 다니면서 즐길 거리가 많은 학교다. 공부의 과정과 결과는 당연하고, 그 밖의 프라임 칼리지 등을 활용한 가외의 공부나 다양한 취미를 병행할 수도 있다. 다른 학우들과의 만남으로 친구를 얻고 평생지기를 만날 수도 있다.

공자는 《논어》에서 "아는 사람은 좋아하는 사람만 못하고, 좋아하는 사람은 즐기는 사람만 못하다[知之者不如好之者지지자불여호지자 好之者不如樂之者호지자불여락지자]"고 했다. 방송대를 제대로 활용하고 공부를 즐기는 법을 나름대로 정리해본다.

방송대는 영문으로 'Korea National Open University(KNOU)'라고 쓴다. 영문을 그대로 해석하면 '국립개방대학'으로, 고등학교 졸업장이나 이와 동등한 자격만 갖추면 특별한 시험 등 문턱 없이 열려 있다.

또한 방송대는 4년제 종합대학으로 인문과학대학, 사회과학대학,

자연과학대학, 교육과학대학 등 4개의 단과대학에 23개 학과가 있다. 졸업 후 다른 학과 편입도 용이하니, 다양한 공부를 선택하고 지속할 수 있다. 학위와 상관없이 개인의 기호와 취미를 즐기는 평생교육의 장도 있으며, 13개의 지역대학과 3개의 학습센터, 31개의 시·군 학습관이 있다. 학사행정과 학습관까지 잘 마련돼 있어 대한민국 어디서나 접할 수 있는 전국구 대학이기도 하다. 물론 앞에서 밝힌 대로 졸업은 쉽지 않다.

한편 공부는 '유비쿼터스(Ubiquitous)'다. 말 그대로 '언제 어디서든' 할 수 있다는 뜻이다. 인터넷을 통해 강의를 제공하는 원격 교육기관인 만큼, 학생 스스로 시간과 장소를 정해서 공부할 수 있다. 즉 학생이 정해진 강의 일정에 맞추는 게 아니라, 학생 스스로 형편과 사정에 맞춰 강의 일정을 설계하는 것이다. 시간만 잘 관리한다면 훌륭한 성적을 내면서 알차게 공부할 수 있는 시스템이다. 물론 본인이 다른 공부와 일에 매진하면서도 충분히 학교생활을 영위할 수 있다. 심지어 강의는 모바일폰으로도 들을 수 있고, 녹음해서 MP3 파일로도 들을 수 있다.

방송대 강의는 한 학기마다 대부분 과목당 15강으로 이루어져 있다. 한 강의를 듣는 데 보통 50분 정도 걸리는데, 간혹 80분짜리 강의도 있다. 1980년대까지는 라디오로 진행되다가, 지금은 완벽한 시청각 동영상 교육으로 구성되어 있다. 화면으로 교수님과 얼굴을 마주보고, 칠판 판서 등 다양한 시청각 자료가 활용된다. 혹시 수업 도중에 한눈을 팔면 '다시 보기'를 할 수 있으니, 타대학처럼 강의 불참으로 친구의 필기 노트를 빌릴 일도 없다.

강의 수준은 내 경험으로 보아 타대학의 세 시간 정도가 압축되어 있는 것 같다. 해당 과목 교수진은 우수한 강의로 정평이 나 있고, 강의에는 50년에 가깝도록 학교에 축적된 원격 학습 노하우가 반영되어 있다. 휴강과 종강식 등 개인이 원하지 않는 수업과 직접 관련 없는 행사, 교수님의 잔소리나 잡담 등 군더더기 없는 알짜 강의인 만큼 건성으로 들으면 공부에 구멍이 많이 생기는 것이 단점이라면 단점이다.

따라서 수강 전 해당 교재를 먼저 훑어보는 것이 학습에 효과적이다. 방송대는 원격 수업인 만큼 교재를 중요시하므로, 교재는 타대학에서 교재로 채택할 만큼 수준이 높다. 다른 학교처럼 강사의 자의적인 선택으로 교재를 채택하지 않으니, 객관적으로 잘 기술된 그 과목의 표준 교과서라고 할 만하다. 더 큰 장점은 그 과목을 처음 대하는 사람도 쉽게 읽을 수 있도록 쓰여 있다는 것이다.

내 경우 교재를 사전 일독 후 강의를 들으면, 교수님 강의에서 단원의 핵심과 중요도가 선명하게 그려지면서 지식이 입체화되는 느낌을 받는다. 또한 사람마다 다르겠지만, 강의를 주간 단위로 여섯 과목을 나눠 듣다 보면 각 과목 수업의 맥이 끊기는 느낌을 받는다. 그래서 나는 한 과목에 집중해 다섯 강의를 연속으로 듣는다. 그 기간이 대체로 3일 정도 걸리는데, 단원의 맥이 이어지고 지루하지도 않아 내겐 가장 알맞은 방법이다.

강의는 1~2배속까지 속도를 조절해서 들을 수 있다. 나는 1.4배속으로 듣는데, 그러면 수강 시간이 줄어들고, 약간의 긴장감이 생기므로 집중력도 높아지는 것 같다.

수강을 마치고 나서는 다시 한 번 교재를 읽는다. 강의를 들은 직후라 단원의 핵심과 중요도를 판단하기 쉬워 저절로 밑줄이 그어진다. 특히 마무리 삼아 노트를 정리하는데, 강의를 들으면서 메모한 것과 합쳐 나만의 과목 노트를 채워나간다. 이는 나중에 해당 단락을 찾거나 시험 준비를 할 때 큰 도움이 된다.

물론 이것은 나만의 방식이다. 환경과 개성에 따라 저마다 공부 방법은 다를 수 있다. 단, 분명한 것은 내가 다른 공부와 강의 등으로 그리 시간이 많은 사람은 아니라는 것이다.

삼성에 근무하는 나와 친한 어느 학우도 비슷한 방법으로 공부하는 것을 보고, 이것이 나름 괜찮은 방식이라는 걸 확인하기도 했다. 특히 그는 업무가 빡세기로 유명한 직종에 근무하면서 자투리 시간을 최대한 활용해 공부했는데, '자투리'는 내 형이 방송대 경제학과에 다닐 때 속했던 스터디 그룹의 이름이기도 하다. 그 그룹은 주말 자투리 시간에 모여 공부하고 해장국을 먹고 헤어졌다는데, 형은 경제학과를 전국 일등으로 졸업하기도 했다.

사람마다 효과적인 공부 방법과 시간은 제각각 다를 수밖에 없다. 그러나 학생이 수업시간을 선택할 수 있는 만큼, 반드시 본인에게 알맞은 방법을 설계하고, 의지를 갖고 시간을 장악해야 함이 분명하다.

시간에 관해 한 가지 더 조언하자면, 특별히 시간이 없는 경우가 아니라면 강의를 몰아서 듣기보다 가급적 매일 듣길 권한다. 하루에 한 시간이든 삼십 분이든, 끼니를 거르지 않는 것처럼 습관을 들이는 게 좋다. 사람은 조금이라도 편한 것을 좋아하는 존재라 잠시라도 공부를 놓는 순간, 공부의 즐거움은 잊고 어려움을 피하는 쪽을 선택하기 쉽다. 그러므로 공부의 끈을 놓치지 말아야 한다.

한편 복습이 효과적인 공부라는 건 모두가 아는 사실이다. 나는 시험 보름 전부터 지난 강의를 다시 듣는 것으로 복습과 시험공부를 병행한다.

다시 강의를 들으면 처음 강의를 들을 때 보이지 않았던 부분들이 보인다. 어느 정도 내용을 안다고 생각했는데 미처 몰랐다는 사실을 알게 되는 재미도 있다.

내가 대학원 영문학 과정에 있을 때 여름 영화학교에 참가한 적이 있다. 그때 타대학에서 온 영화과 교수가 이런 말을 했다.

"저는 영화를 전공하는 학생들에게 한 영화를 다섯 번 본 후 그 영화에 대해 리포트를 써 오라고 합니다. 리포트를 읽어보면 그 학생이 영화를 몇 번 보았는지 알 수 있습니다. 영화를 처음에는 스토리만 보게 되는데, 여러 번 볼수록 감독이 영화를 어떻게 연출했는지가 보입니다."

공부도 마찬가지 아닌가 싶다. 반복학습의 효과는 외우는 데 그치지 않고, 공부가 깊을수록 같은 대목에서 새로움을 발견하게 되는 묘미가 있다. 백번을 읽으면 뜻이 저절로 새겨진다는 뜻의 '독서백편의자현(讀書百篇意自見)'이라는 고사성어도 있지 않은가.

형의 자투리 멤버 중에 MP3에 강의를 다운받아 놓고 틈만 나면 듣던 어느 분은 하도 많이 들어 일 년도 안 돼 MP3가 고장이 났다고 한다. 당연히 우수한 성적으로 장학금을 받고 졸업하셨는데, 반복학습을 통한 기억은 우리의 뇌세포 속에 고스란히 잠재되어 시험을 치를 때는 물론 언제든 필요한 때 꺼내어 쓰기만(인출) 하면 된다.

시험을 마치고 나서 공부하는 것도 좋다. 기말고사 3일 후면 학교에서 홈페이지에 정답을 공지한다. 문제가 출제된 책의 페이지를 찾아 공부하는 것도 좋고, 강의를 다시 듣는 것도 좋은 학습 방법이다. 기왕 시험에서 해방됐으니 아예 관련된 다른 책을 찾아 공부하는 것은 더 좋다.

시험이 끝났다고 책을 아무 데나 던져 놓는 것은 책에 대한 예의가 아니다. 공부하려고 학점을 취득하는 것이지 학점을 취득하려고 학교를 다니는 것은 아니니까. 비록 한 학기 등록금이 40만 원도 안 되지만, 사지선다형 지식에 머무르려 방송대에 들어왔다면 가성비가 너무 낮은 투자다. 최소한 자신이 선택한 공부에 학문적 효용과 가치는 느끼고 졸업해야 진정한 공부일 것이다.

방송대 공부가 어렵다지만, 즐기면 석화광중 기차신(石火光中 寄此身, 부싯돌 불빛처럼 짧은 시간의 인생)! 돌이켜보면 방송대 4년은 부싯돌 불빛 같은 찰나이다. 입학하면 곧 졸업이다. 하산의 기쁨을 즐기기 이전에 내가 산에 올라 무엇을 얻었나를 생각하며, 나도 반성을 해 본다.

스터디, 우분투
–멀리 가려면 함께 가라

무엇이든 꿈꿀 수 있다면
그것을 실행하는 것 역시 가능하다.

월트 디즈니

천천히 가는 것을 걱정하지 말고 멈출 것을 걱정하라

장자는 "사람이 배우지 않으면 재주 없이 하늘을 오르려는 것과 같고, 배워서 널리 알면 상서로운 구름을 헤치고 푸른 하늘을 보며 높은 산에 올라 사방의 바다를 바라보는 것과 같다[人之不學 如登天而無術인지불학 여등천이무술 學而智遠 如披祥雲而覩青天 登高山而望四海학이지원 여피상운이도청천 등고산이망사해]"고 했다.

태공은 "사람으로 태어나 이 세상을 살아가는 동안 배우지 않으면 어두운 밤길을 가는 것과 같다[人生不學 如冥冥夜行인생불학 여명명야행]"고 했으며, 공자는 "배우기는 미치지 못한 것같이 하고, 오히려 배운 것을 잃을까 두려워해야 한다[學如不及 猶恐失之학여불급 유공실지]"고 했다.

모두 당대 최고의 공부꾼이자 경세가들의 말이니 귀담아 들어야 한다. 백번 지당한 이 말씀들이 어느 날은 가슴에 와 박히다가, 어느 날은 하늘처럼 멀고 밤길처럼 어렴풋하며 뜻을 새기지 못해 두려움이 든다. 달달 외우며 한자 원문으로 글자까지 쓸 수 있는 말들이지만, 때에 따라 의미가 왔다 갔다 하는 것은 아마 내 공부가 아직 재주가 부족[無術]하고, 눈이 침침[冥冥]하고, 미치지 못한[不及] 탓이리라.

지천명을 앞두고, 어느 날 나는 큰 결심을 하게 되었다. 고문학에 대한 호기심은 날로 커지고 스스로 공부하는 데 한계가 느껴졌다. 더 나이 먹기 전 서당에 갈까도 생각했다가 고려대 대학원 국문학과(한문학 전공) 석사과정에 등록했다. 기대 속에 입학했으나 막상 수업에 들어가니 한문 필사본과 중국어로 된 백화문을 번역하고 나의 한문 지식이 많이 부족한 것을 느끼면서 큰 벽에 부딪힌 것처럼 당황스러웠다. 여긴 어디? 나는 누구? 며칠을 풀 죽어 지내며 포기할까도 생각했다. 다른 공부 의욕마저 꺾였다. 그런 내 모습을 지켜본 아내가 지나가는 말처럼 한마디 툭 던졌다.

"공부는 원래 어려운 거야. 그걸 이겨내는 재미가 공부의 본질이라니까."

이건 내가 자주 쓰는 말이다. 정신이 번쩍 들었다. 언젠가 아내에게도 충고랍시고 잔뜩 폼 잡으며 말했던 기억도 있어 더 부끄러웠다. 곧바로 책을 찾아 들고 다시 교수님을 찾아가 상의해야겠다는 생각이 들었다. 아내 말이 맞다. 원래 공부의 참맛은 앎의 기쁨과 함께 어려운 것을 이겨내는 재미가 큰 몫을 한다. 어렵다고 포기하면 막연해지고 공부가 재미없어진다.

방송대는 입학 후 한 계절이 채 지나기도 전에 학생의 상당수가 사라진다. 막상 와보니 공부가 생각보다 재미있다는 사람도 있지만, 어렵게 느끼는 사람도 있기 때문이다. 어렵게 느끼는 것은 입학 전 기초 학습 자질이 부족하기 때문일 수도 있지만 공부 습관의 문제가 크다.

나는 강의를 할 때 학생들의 기초 학습 수준의 개인차를 염두에 두고 가급적 다양한 수준을 고려하며 골고루 맞추려고 노력하는데, 신기하게도 학기 말쯤이면 대부분 수준이 비슷해져 있다. 우선 학생들에게 공부 습관을 만들어주려고 노력한 결과다. 특히 오랫동안 공부에서 손을 놓은 사람은 어떻게 학습해야 머릿속에 지식이 저장되는지를 잊은 경우가 많다. 물론 그런 사람이라도 처음의 당황스러운 기간만 넘기면 금방 요령을 익힐 수 있으니 포기하지 말아야 한다. 그래서 나는 절대 포기하지 않는 것이 방송대 공부 방법의 첫 번째라고도 이야기한다.

나의 국문학과 후배이자 워낙 인품 좋은 K모라는 학우는 평생 공부를 멀리했었다. 어느 날 뜻한 바 있어 방송대에 입학했는데, 첫 수업부터 난감했다고 한다. 분명 한국말인데 알아들을 수가 없어서 말 그대로 '멘붕'이었다는 것이다.

그는 첫 학기 대부분 과목에서 F학점을 받고는 자존심에 상처를 입었다. 더 이상 공부에 미련을 두지 않겠다며 자퇴하려고 했고, 스터디 그룹도 그만두겠다고 선언했다. 그러자 스터디 그룹 멤버들이 모두 나서서 자퇴를 말리고 도움을 자청했다고 한다. 스터디 그룹 멤버들의 설득에 힘입어 학업을 계속한 결과 그는 7년 만에 졸업을 할 수 있었다. 그후 다른 과로 편입해 지금도 방송대 학업을 계속 이어가는 중이다.

중국 속담에 "천천히 가는 것을 걱정하지 말고 멈출 것을 걱정하라[不怕慢 只怕站불파만 지파참]"는 말이 있다. 방송대뿐 아니라 모든 공부가, 늦은 것을 걱정하기보다 멈추는 것을 경계해야 하지 않나 싶다.

우리가 세상을 살다 보면 예기치 못한 힘든 일들이 많다. 그러나 그러한 역경을 이기고 목표를 성취하는 즐거움은 무엇과도 바꿀 수 없다. 순자는 "성공은 중단하지 않는 데 있다. 조각을 하다가 중단하면 썩은 나무도 자르지 못하지만, 중단하지 않으면 쇠붙이나 돌도 새길 수 있다[攻在不舍 鍥而舍之 朽木不折공재불사 계이사지 후목부절 鍥而不

舍 金石可鏤계이부사 금석가루]"고 했다. 내가 본 학우들 중 방송대 입학에서 졸업까지 가장 오래 걸린 분의 학업 기간은 무려 16년이었다. 그분에게 박수를!

서로 가르침으로 성장하고 배움으로 성숙해진다

내 '방송대 사용 설명서'의 첫 번째가 '절대 포기하지 않는 것'이라면, 두 번째는 '꼭 스터디 그룹에 참여하라는 것'이다.

방송대에는 전국 광역 단위의 지역본부와 시·군·구 단위의 학습관을 중심으로 일주일에 한 번씩 학과별, 학년별로 '스터디'가 있다. 스터디에서는 선배가 후배에게 강의할 때도 있고, 동기들끼리 각자 범위를 맡아 강의하기도 한다.

방송대엔 '샐러던트(saladent)'가 많다. 샐러던트란 직장인(salaried man)과 학생(student)을 합친 말로, 직장을 다니면서 공부하는 학생을 일컫는 신조어다. 한편 방송대 스터디에서는 모두가 '티치던트(teachdent)'다. 티치던트는 교사(teacher)와 학생을 합친 신조어다.

나도 스터디에서 강의를 자주 하는 편인데, 가르치는 재미도 있지만 내 공부도 많이 된다. 가르치려면 알아야 하고, 알려면 공부해야 한다. 내 경험상 한 시간 강의를 위해 일곱 시간은 준비해야 제대로 된 강의를 할 수 있었다.

강의를 듣는 것도 공부에 도움이 되지만, 남을 가르치는 것만큼 효과적인 자기 공부도 없다. 그래서 영어엔 "Teaching is learning.(가르치는 게 곧 배우는 것이다)"라는 말이 있고, 동양엔 "서로 가르침으로 성장하고 배움으로 성숙해진다"는 뜻의 '교학상장(敎學相長)'이라는 고사성어가 있다. 나이와 명망, 학문적 주장은 많이 달랐으나 치열한 격론 속에 서로를 인정하고 상호 배움을 청한 고봉 기대승과 퇴계 이황의 관계가 그러했다.

방송대 스터디에는 향학열만큼은 이황과 기대승이 즐비하다. 나이, 직업, 성적은 다양하지만 늘 서로 배우고 나눈다. 그러나 스터디는 공부만 하는 곳이 아니다. 함께 공부하면서 새로운 정보도 얻고, 친교 모임도 갖는다. 매주 만나는 만큼 정이 두터워져 '방송대 가족'이란 말이 자연스럽게 쓰인다.

스터디에서 큐피드의 화살에 맞아 인생의 평생 동반자를 만난 사람들도 있다. 내가 속했던 관광학과 스터디에서도 부부 한 쌍이 탄생했고, 학생회 활동을 하다가 부부가 된 분들도 있다. 선남선녀가 공부로 만났으니 그야말로 학문적 동지가 아닌가 싶다.

나의 스터디 그룹 중에는 졸업 후 아직도 정기 모임을 하는 12학번 국문과 스터디 모임인 '한두리(翰頭裏)'가 있다. '파닥이는 글을 안고 한두리(한둘이) 모여 작은 마을을 품는 곳'이라는 뜻이다. 국문학과 16학번 모임은 '다독다독'이다. 서로 다른 사람의 약점을 어루만져주고 감싸 준다'는 의미의 우리말인데 책을 많이 읽는다는 '다독(多讀)'의 의미도 있다.

이 외에도 학생 신분으로 참여할 수 있는 행사가 많다. 신입생 오리엔테이션과 입학식, 하계 수련회, 체육대회, 각종 동아리 활동 등. 비록 주요 강의실은 온라인에 있지만, 캠퍼스 생활을 누리는 행사나 모임은 전부 참여하기가 벅찰 정도다.

성남시학습관에서는 매년 '도전 골든벨'을 주최하는데 2018년에는 내가 졸업한 문화교양학과에서 개인전과 단체전을 모두 휩쓸었다. 또 성남시학습관에서 함께 간 독도 탐방도 기억에 남는다. 속이 하도 울렁거려서 울릉도인가 싶을 정도로 거센 파도에 뱃멀미로 고생은 했지만, 삼대가 덕을 쌓아야만 입도할 수 있다는 독도에 네 번이나 갈 수 있었던 것도 특별한 추억이다.

출석수업 때 교수님 강의를 듣는 시간도 의미가 깊다. 한 학기에 한 번, 인터넷 강의가 지루해질 때쯤 만나는 살아 있는 강의는 사람의 향기가 난다. 학교 홈페이지 게시판을 통해 언제든 질문하고 대답을 들을 수 있지만, 출석수업에서 즉문즉답의 현장감은 내가 학생이란 사실을 확인시켜준다. 아울러 행사를 마치고 식사하는 자리에서 교수님과 이런저런 이야기를 편히 나누는 것도 참 좋은 시간이다.

방송대는 현재 70만 동문과 10만 명의 재학생 등, 내가 알기론 세계에서 가장 학생 수가 많은 학교다. 국가 인재 데이터베이스에 등재된 사람이 서울대를 비롯한 명문대 중 방송대는 전국 대학 4위에 해당한다. 지금의 총장님도 첫 동문 출신 교육자다. 민선 7기 기초자치단체장에도 방송대 출신이 28명에 이른다고 한다.

물론 동문의 사회적 명성보다 중요한 것은 내 공부이고, 가까운 학우들끼리 나누는 정과 공부가 훨씬 의미 있지만, 학교에 대한 자긍심도 학문의 목표를 세우는 데 도움이 될 수 있다. 그 연장선에서 나는 학우들의 봉사활동을 적극 권하기도 한다.

나는 성남시학습관, 경기지역대학 그리고 전국총학생회에서 정책국장을 맡아 봉사한 적도 있고, 형을 따라 방송대 봉사 동아리에 가입해 활동하기도 했다. 봉사라고 하기에는 미흡하지만, 방송대에서 내가 배운 것 중의 하나가 '나눔의 기쁨'이다. 티치던트로서 상당히 많은 시간 무료 강의를 해온 것도 학우들에게서 보고 배운 영향이 크다.

멀리 가려면 함께 가라

'우분투(UBUNTU)'라는 말이 있다. 아프리카의 부족을 연구를 하던 어느 서구 인류학자가 부족의 아이들에게 달리기 시합을 제안했다. 건너편 나무 아래 딸기 바구니를 놓고, 가장 먼저 도착하는 아이에게 그 바구니를 주겠다고 했다. 그런데 아이들은 모두 함께 손을 잡고 달려 동시에 나무가 있는 곳에 도착했다.

학자는 아이들에게 왜 함께 손을 잡고 달렸는지 물었다. 그러자 아이들은 다른 사람이 불행한데 나만 행복할 수는 없다고 대답했다. 그 말이 바로 "우분투." 그 부족의 언어로 "우리가 함께 있기 때문에 내가 있는 것이다"라는 뜻이다.

빨리 가려면 혼자 가고, 멀리 가려면 함께 가라. 우분투 방송대!

할머니는
등으로 가르친다

남의 말이나 의견에 흔들리지 않고
자기만의 생각과 주관을 가지고 독립심을 기르는 것,
그게 교육의 목적이야.

영화 〈죽은 시인의 사회〉 중에서

공부에 늦은 나이란 없다

방송대엔 알려진 대로 만학도가 많다. 젊은 시절엔 부족한 시간과 경제적 이유로 공부를 못 하다가 여유가 생겨 다시 시작한 사람도 있고, 여전히 바쁜 생활 속에서 공부가 좋아 시간을 쪼개어 매진하는 사람도 있으며, 다양한 학문을 탐색하기 위해 거듭 학과를 옮겨가며 공부하는 사람도 있다.

내가 아는 분 중에는 꽤 탄탄한 기술 기업을 일궈놓고 경영과 세무 지식을 보충하기 위해 입학한 분도 있고, 토목공학과 교수로 은

퇴 후 그간 문화와 미학 분야의 지식과 안목이 늘 아쉬웠다며 문화교양학을 공부하시는 분도 있다.

어린 시절 꽤 공부를 잘했지만 형편이 어려워 진학을 못했다가 검정고시를 거쳐 방송대에 온 내가 아는 가장도 있다. 그가 졸업장을 받던 날, 이제 아이들의 가정환경조사서나 각종 경력란에 '대졸'이라고 기입할 수 있어 뿌듯하다는 솔직한 고백에 마음이 짠해지기도 했다. 지금도 가정환경조사서에 부모 학력을 묻는 난이 있는지는 모르겠지만, 학력 중시의 우리 사회에서 능력과 별개로 그가 겪었을 신산한 일들이 짐작되면서, 그의 졸업을 축하하는 마음이 몇 배나 더 컸다.

이렇듯 입학 사유가 제각각인 만큼 목표도 각양각색이라, 심지어 자신을 치열하게 단련하는 수단으로 공부를 택한 공부의 수도승 같은 분, 직업란에 '학생'이라고 쓰는 게 좋아 계속 공부하는 분들도 있다. 이런 분들 대부분의 공통점은 졸업을 하고도 거듭 학과를 옮기며 공부를 계속한다는 것이다. 나도 방송대에서만 7개 학과를 섭렵(?) 중이지만, 성남시학습관만 해도 20여 년 방송대에 적을 두고 여러 개 학과를 다닌 분들이 수두룩하다. 그 세월만큼 나이 들어가며 제대로 공부의 단맛에 중독된 분들이다.

앞의 은퇴 교수님도 이번에 졸업하면 곧 다른 과로 편입할 예정이라는데, 그분의 말씀이 흥미로웠다. 존경하는 학자이자 선배 교수의 팔순잔치에 갔는데, 그 자리의 주인공께서 잔치를 마치며, 여러분은 나중에 은퇴를 하더라도 계속 공부를 하라며 이렇게 당부하셨다고 한다.

"가급적이면 지금의 전공과 다른 학문을 시작하는 게 좋다. 호기심이 곧 열정이고 열정이 학문을 대하는 기본 태도이니, 가급적 새로움에 도전하라. 굳이 통섭과 융합을 굳이 들먹이지 않더라도 학문은 본질적으로 서로 통하는 것이니 기존의 전공에도 통찰과 자극을 준다. 무엇보다 자신의 인생을 풍요롭게 가꾸는 것은 때론 깊이보다 넓이, 세상의 다양한 것을 접하는 것도 좋은 수단이다."

당신은 그 분야에서 자타가 공인하는 학자로서 나름대로 학문적 업적도 남겼고 교수로서도 최선을 다했기 때문에 은퇴하면서 큰 후회는 없으셨다. 그래서 65세 정년 이후엔 자신만의 시간과 휴식을 취하기로 마음먹었다. 당시에는 한국인 평균수명이 많아야 80세 정도여서 십여 년 남짓의 여생을 좋아하는 낚시나 취미를 맘껏 즐기고, 그간 소홀했던 아내와 자식들과 함께 시간을 보내는 게 마땅하다고 생각하신 것이다.

그런데 세월이 흘러 팔순을 맞은 지금도 여전히 당신은 정정하고, 아내와 장성한 자식과 함께하는 시간도 그때 생각과는 상황이 많이 달라졌다. "일이 없으면 휴식도 없다"는 아리스토텔레스의 말처럼, 취미도 바쁜 일과 속에 시간을 내야 즐거운 것이다.

노교수님은 차라리 그때 다른 공부를 했으면 대학을 서너 번 졸업하거나, 새로운 학문을 시작했어도 박사학위를 딸 수 있는 기간이었다며, 후회가 된다고 하셨다. "Better late than never(늦더라도 안 하는 것보다는 낫다)!"라고 그날의 말씀을 마치신 노교수님은 요즘 컴퓨터 코딩과 그림 공부를 하신다고 한다.

76세에 화가가 된 모지스 할머니 이야기

교수님 이야기를 듣다 보니 모지스 할머니 생각이 났다. 미국 국민화가로 칭송받는 그분은 미국에서도 본명(Anna Mary Robertson Moses)보다 '모지스 할머니(Grandma Moses)'로 더 많이 불리는데, 76세에 처음 그림을 시작해서 100세에 화가의 명성을 얻었다.

유명세를 타게 된 이유는 등단 이전에 작은 시골마을에서 평범한 삶을 살다가 76세라는 늦은 나이에 시작해 세계적인 화가가 된 드라마 같은 이야기 때문만은 아니다.

할머니는 101세까지 1,600여 점의 그림을 남길 정도로 왕성한 활동을 했고, 미술 평단의 평가보다는 자신이 좋아하는 것에 마음을 쏟는 것으로 화폭을 채웠다. 그림에 담긴 따뜻한 애정과 진실성이 더욱 평가를 받아 할머니의 그림은 최근 미국 그림시장에서 120만 달러(약 14억 원)에 거래되었다고 한다.

그녀가 쓴 그림 에세이는 《인생에서 늦은 때란 없습니다》라는 제목으로 우리나라에서도 출간되었다. 공부도 언제 시작하든 늦은 때란 없을 것이다.

부지런히 새로운 것을 익히지 않으면

요즘을 평생교육 시대라고 한다. 평생교육이 강조되는 저변에는 '학교'라는 정형화된 제도교육에 한계도 있고 다양한 사회교육 수요에 부응하지 못하는 점도 있으며, 과학기술 발전 속도에 맞춰 인재 역량을 키우기 위해 꾸준히 지식을 배양하라는 목적도 있을 것이다.

IT나 바이오 분야는 새로 발견하고 개발한 기술이 한 달이면 옛것이 되고, 글로벌 시대에는 기술 자체에 국경과 시장의 경계가 없어지다 보니 국가 차원의 경쟁력을 위해서도 국민들의 재교육이 꼭 필요할 것이다.

이른바 4차 혁명 시대의 실체가 무엇인가는 사람마다 의견이 분분하고 애매하지만, 분명한 것은 과학의 발전 속도가 인간의 생활에도 엄청난 변화를 주어 제도와 문화는 물론, 가치와 관습, 조직과 개인의 라이프 사이클 등 인간의 생활 양태 전반에 영향을 미친다는 사실이다.

이처럼 빠른 변화는 누구나 느낄 수 있으며, 심지어 예술에까지 영향을 미치고 있다. 따라서 제도권 교육에서 받은 '한때 잘한' 공부는 얼마 지나지 않아 낡은 지식이 되니 평생 계속 공부를 하지 않고는 먹고사는 일은 물론, 시대정서를 쫓아가기에도 급급한 시대가 되고 말았다.

요즘 강의를 듣다 보면 강사의 훌륭함은 부지런함에서 나온다는 것을 알 수 있는데, 명망 있는 강사조차 낡은 교재를 들고 나왔다가 망신을 당하는 경우가 많다. 강의를 하는 나도 강의 주제가 얼마나 알찬가를 고민하는 만큼, 시대의 흐름에 따라 달라지거나 새로워진 내용에 신경을 많이 쓴다. 예를 들어, 영어단어만 해도 소방수는 'fireman'에서 'firefighter'로, 장애인은 'the handicapped'에서 'the other abled'로 바뀌고 있으니 부지런히 새로운 것을 익히지 않으면 '다른 게 아니라 틀리는 것'이 되기도 한다.

아랫사람에게 물어보는 것을 부끄러워하지 말라

"요즘 애들 버릇없다"는 말은 알타미라 동굴벽화에도 있고, 파피루스에도 적혀 있고, 폼페이 유적지에도 남아 있으며, 심지어 공자님도 말씀하셨다. 어느 시대든 젊은이들이 날로 버릇없어진 것이 아니라 세상의 변화에 어른이 적응을 못한 게 아닌가 하는 생각이 든다. 어른들이 자신의 지식과 경험만을 고집하다가 세대 충돌이 일어났을 것이고, 어른들의 푸념 섞인 낙서가 지금까지 남아 있는 게 아닌가 싶다.

새로운 지식을 받아들이고 식견을 확장하는 것은 공부의 중요한 속성이므로, 진짜 공부는 자연스레 시대정신을 익히는 것이기도 하다. 공자님도 '불치하문(不恥下問)', 아랫사람에게 물어보는 것을 부끄러워하지 말라, 했으니 배우고 가르치는 데는 나이가 없다. 늘 새로운 것을 익히는 것, 그게 공부의 또 다른 본질이다.

동시대를 배우고 젊은이에게도 배울 것이 있다면, 공손히 받아들여야 한다. '나이 먹은 게 죄'가 아닌 것처럼 '젊음이 옳은 것'은 아니다. 그러나 젊은이에게 시대정신을 배우는 것은 나이 먹은 자의 지혜다. 젊은이가 나에게 맞추지 않는 것을 탓하지 말고, 공부하면 알게 되고 알게 되면 통하고 통하면 어울리는 것이니, 그러다 보면 노소의 경계는 저절로 없어지지 않을까.

전문성·나눔과 연대·개방성·다양성의 방송대학교

우리나라의 평생교육은 수명이 늘어나는 데 비해 은퇴가 빠른 사회 분위기에 대비하는 유용한 수단이 될 수 있다. 세대 갈등뿐 아니라, 은퇴 후 중장년층의 재교육이나 자신의 삶을 풍요롭게 가꾸는 주체적 도구로서의 교육, 즉 공부가 필요한 시점이다.

이미 눈 밝은 기업들은 이들을 소비의 주요 대상으로 삼아 마케팅을 펼치고 있고, 정치인은 노인정이나 시설·수당 등을 약속하며 제도를 공약하고 있다. 물론 정당한 기업 활동이고, 시설·수당 등의 제도도 꼭 필요한 것이다. 하지만 조금 삐딱한 시선으로 보자면,

기업은 이 계층의 주머니만 털 생각을 하고, 정치권은 목소리 높여 표만 계산하고 있다는 생각이 든다. 정작 노인의 삶의 질, 가치, 자아와 스스로의 정체성을 찾는 데에는 소홀한 느낌이다.

중장년층도 모두 인간 고유의 존엄성을 가진 인간이며, 이 사회의 주요 구성원으로 한때 시대를 이끌던 주역인데 이들에 대한 처우치곤 사회적인 장치가 빈약하다는 생각이다.

방송대 설립 취지를 보면, 인재를 양성하는 수단으로서 교육기관을 표방하면서 한편으론 사회적 재교육과 함께, 꼭 공부의 목적과 대가가 특별하지 않아도 공부를 즐기기 위한 평생교육기관임을 자임하고 있다. 학습관은 언제든 개방하고 있으며 학습관 학생회는 스터디나 동아리 활동, 모자라는 공부를 채울 수 있는 다양한 특강 등을 적극적으로 지원한다. 또한 이를 통해 공부 동지들을 만나는 특별한 기쁨을 누릴 수도 있다. 은퇴 후 남는 시간을 고민하고 소모적으로 쓰느니, 공부를 통해 인생 후반기를 보내는 아주 좋은 장이 될 곳이다.

내 인생의 멘토, 할머니 학우님들

만학도의 공부가 취미인지 도를 닦는 수단인지, 아니면 뒷날을 모색하는 칼을 벼리는 행위인지는 사람마다 다를 것이다. 그러나 공부는 어떤 순간이든 과정 자체가 수단이자 목표인 것도 분명한 사실이다.

모지스 할머니도 76세까지는 관절염을 앓게 되고 눈마저 침침해져 그간의 특기인 자수를 더 이상 할 수 없어 그림을 시작했다고 한다. 당연히 처음 붓을 잡았을 땐 어떻게 그려야 할 것인가 막막했을 것이고, 딱히 자신이 유명 화가가 될 꿈은 꾸지도 않았을 것이다. 그냥 노년이라고 소모적인 시간을 보내느니 무언가 하는 게 낫다는 생각을 했고, 그림을 그려 엽서로 만들어 동네 사람들에게 팔다가 점점 더 알려지면서 국민화가가 된 것이다. 우리 방송대 늦깎이 학생들도 지금은 그냥 좋아서 하는 공부지만, 혹시 아는가? 자신도 예측 못한 엄청난 일을 만들지.

성남시학습관에도 연세 드신 만학도가 많다. 몇 개의 학과를 섭렵하면서 깨우친 학문적 지식과 삶의 경험에 나온 지혜가 어우러지면, 정말 반짝반짝 빛이 난다.

한 분은 설거지를 하고 그릇을 엎어놓아야 하는 이유를 설명하면서, 오니와 계면활성제의 화학적 결합, 수세미의 마찰력과 유해 잔존물을 운운하시며 아주 전문적 지식을 꺼내신다. 당신이 옛날에 냇가에서 잿물에 빨래할 때와 '생활과학' 과목에서 배운 것을 섞어 말씀하시는 이분을 TV에 내보내야 하는 게 아닐까 싶을 정도로 재미있는 분이다.

또 함께 사는 아들 내외가 모두 바쁜 직업이라 집안 살림과 손주들 양육을 도맡아 하고 있는 학우분이 있다. 그럼에도 늘 밝은 얼굴을 잃지 않고, 스터디에도 열심이다. 젊은이라도 그런 생활이 힘들 텐데 괜찮으시냐고 여쭈었더니, 공부가 평생 주부 스트레스를 다 없애준다며 활짝 웃으신다. 요즘은 공부가 더 재미있다고 하시는데 그 이유가 흥미로웠다.

이분은 초등 저학년 손주들이 학교와 학원을 다녀오는 틈을 이용해 강의를 듣고 과제를 하는 형편인데, 집에 오면 할머니에게 이것저것 조르던 손주들이 요즘은 할머니를 따라 공부를 한단다. 처음엔 공부가 재미있다는 할머니 말에 고개를 갸우뚱하더니, 저희도 책을 펴고 공부를 하니 뒷바라지에 가는 손도 많이 줄었다. 아들 내외가 '가방도 질질 끌리는 콩만 한 것들(학우님 표현임)'의 공부를 다그칠 때마다 손주들을 안쓰럽게 생각했는데, 이걸 아들 내외에게 자랑을 해야 할지 당신이 잘못을 한 건지 모르겠다며 또 웃으신다. 말로 공부를 닦달하는 것보다 어른이 보여주는 게 더 효과가 있는 행불언지교(行不言之教), 할머니는 말없이 등으로 가르친다.

재작년쯤 내가 스터디 시간에 자꾸 늦고 허둥지둥 집으로 들어가는 날이 잦았던 적이 있다. 하루는 나와 오래 공부하신 연세 드신 분이 "우리 선생님답지 않게 쫓기는 것처럼 보인다"며, 무슨 일이 있냐고 물으셨다.

실은 방송대 공부와 강의, 그리고 새로 시작한 석사과정에 적응하느라 힘들고, 아내와의 사소한 약속을 지키지 못해 다투게 된다는 말씀을 드렸다. 그 말에 그분은 그럼 스터디나 강의를 조금 미루면 되지 않겠냐고 하신다.

그래도 강의는 많은 이들과의 약속이고, 지금 여러분의 시험 준비만 해도 당장 급하지 않냐고 반문했다. 그분은 아무리 바빠도 우선 생각하는 여유를 가지라며, 급한 일도 처리해야 하지만 중요한 일도 잊지 말아야 한다, 그리고 남들도 중요하지만 자신을 먼저 생각하는 것이 꼭 이기적인 것은 아니라고 말씀하셨다. 가장 소중한 사람은 배우자이고 결혼은 인생의 가장 중요한 약속이니 그 약속부터 지키는 게 우선이라고.

그분들께서는 내게 동네의 가성비 높은 시장정보, 된장찌개를 더 맛있게 끓이는 레시피, 설거지 잘하는 법 등을 가르쳐주셨고, 때로는 내가 모르는 교과 정보의 핵심을 짚어주시는 경우도 많았다.

그날 내가 들은 충고는 잘 익은 술맛처럼 신선했으며, 젊음이 감히 흉내 낼 수 없는 깊고 지혜로운 인생 수업이었다. 내 공부 동지들이자 인생의 멘토님들께 강의를 하고 오랫동안 함께 스터디를 했지만, 내가 배운 것이 더 많다.

웃으며 공부하자

꿈과 열정이 있고 공부하는 사람은
언제나 청춘이다.

한국방송통신대학교 표어

인생과 공부를 버무린 웃음이 좋았다

얼마 전 스터디 모임이 술자리로 이어진 적이 있다. 술자리를 갖는 것도 자주 있는 일이 아닌데, 이날은 웬일인지 다들 늦게까지 남아 이런저런 이야기를 나누었다.

그 자리의 한 분이 "박사님은 예전에도 공부만 했고 지금도 열 개 학위에 도전하고 있는데, 앞으로 도대체 몇 개의 학위를 받고 싶냐?"고 묻는다.

솔직히 나는 학위 수에는 별 관심이 없고, 당장 하는 공부도 벅찬 형편이라 딱히 뭐라 대답하기가 어려웠다. 차라리 앞으로 무슨 공부를 더 하고 싶냐고 물었으면 대답할 게 있었을 것이다.

모두의 호기심 어린 눈길이 내게 쏠린 게 재미있기도 있기도 했고 술기운도 살짝 올라, "붕어가 한 번 낳은 알은 모두 몇 개냐?"고 되물었다.

웬 뜬금없는 붕어냐는 표정으로 다음엔 생물학을 할 거냐고 묻거나, 휴대폰을 꺼내 구글 검색창을 여는 분도 있다. 내가 무슨 중대한 화두라도 꺼낸 걸로 생각했나 보다.

내 답은 "알 수 없다"였다.

모두 어이없다는 듯, "박사님은 펭귄이 다니는 중학교를 나왔군요"라고 되받는다. 썰렁한 농담이었지만, 화제는 각자 앞으로 하고 싶은 공부 이야기로 이어졌다.

나는 하고 싶은 공부가 너무 많은 게 탈이지만, 몇 년 전 시작한 대학원에서 한문학 공부에 제대로 맛이 들렸으니 계속 더 하고 싶은 게 목표이며, 방송대 재학 중에 있는 법학 공부에도 당분간 최선을 다하려고 한다.

얼마 전 커피 바리스타 2급 시험에 합격했고, 라떼 아트 과정도 마쳤고, 핸드 드립과 카페 음료 과정까지 공부했다. 작년에는 타로 1급 심리상담사 자격증을 취득했다. 내가 육십대 정도가 되면 타로와 커피와 책이 결합된 타로 인문학 북 카페를 여는 것도 목표 중의 하나다.

법학과 졸업 후 편입할 방송대 학과도 틈틈이 살피고 있다. 그리고 더 시간이 나면, 아직 막연하지만《주역》등 동양학의 또 다른 분야를 공부하고 싶기도 하다. 특히 최근 과학에 관심이 많이 생겨 방송대 학부는 물론, 프라임 칼리지 과정도 탐색하고 있다. 그간 인문학만 공부한 만큼 과학적 태도와 지식을 통해 내 편협한 지식의 균형을 맞추고 싶다. 자연을 규명하는 과학이 인간과 세상을 이해하는 또 하나의 연구방법이기 때문이다.

또 요즘 책이랍시고 이 글을 쓰다 보니 내 형편없는 글 솜씨가 만천하에 드러나고 있어, 다음 공부로 글쓰기를 맨 앞에 놓기도 했다 (말이 나온 김에 이 자리를 빌려 허술한 제 글을 읽어주시는 독자분들께 죄송한 마음과 고마움의 인사를 전한다).

아무튼 살아 있는 한 공부할 건 여전히 많다. 쉰 살이 되도록 공부만 하고, 남은 인생도 여전히 공부만 할 생각을 하는 나를 두고, '팔자 좋은 사람'이라거나 '쓸데없는 시간 낭비'라거나 '주변머리 없이 공부만' 하는 사람이라고도 한다. 내가 봐도 다 맞는 말이다.

그러나 어리숙하고 융통성도 없는 내게 공부는 사람을 만나고 세상을 이해하고 연결해주는 통로였으며, 가진 것 없는 내게 언제나 힘이 되어주었다. 나를 꾸미거나 좋은 말로 남의 환심을 사는

데 재주가 없고, 게다가 머리까지 나쁜 사람이지만 공부는 그럭저럭 먹고사는 일도 해결해주었다. 더구나 공부하는 순간이 가장 행복한 걸 어쩌랴. 그래서 나를 잘 아는 사람은 내 공부를 '잘하는 짓'이라고 한다. 방송대는 그러한 내게 안마당이자 울타리였으며, 말 그대로 온전한 학교였다.

앞서 밝힌 대로 내 첫 번째 방송대 도전은 실패였다. 이때 만만한 공부는 세상에 없으며, 과목과 레벨과 그레이드에 상관없이 처음 공부하는 사람은 겸손해야 된다는 사실을 깨달았다.

이후 관광학과에서는 마케팅을 처음 접하고 책상 밖 공부인 여행의 깊이를, 국문학과에서는 비로소 우리말의 아름다움을 깨달으며 오히려 영문학의 깊이도, 중문학과와 일본학과에서는 동양문화를, 그리고 교육학과에서는 '가르친다는 것은 지식 이전에 학생의 변화를 이끄는 것'이란 이 한마디만으로도, 그리고 교사인 집사람의 위대함을, 문화교양학과에서는 예술의 이해와 답사여행의 기쁨을, 지금 법학과에선 죄와 벌 이전에 인간의 양가적 가치와 인간 최소한의 질서를 배우고 있다.

너무 간단하게 정리했지만, 시작할 때는 나름 진지하게 생각한 결과다. 대체로 이전 학과의 꼬리를 물거나 확장하는 방향이었다. 그러나 늘 기대보다 더 다양한 경지를 배우게 되었고, 그때마다 다양한 학우와 사람들을 만나는 재미도 특별했다. 시간이 지나 이 학문들을 멀리서 조망하면, 모두 내가 다양한 시선으로 세상을 보는 데 큰 도움이 주었다는 것이 가장 큰 수확이랄까, 종합적이고 다양한 안목을 갖게 된 것이 큰 보람으로 남는다.

여기서 잠깐! 다음은 학생들끼리 싸움이 났을 때 과목별 선생님들의 반응들이라고 한다.

국어 : 주제도 잘 모르면서.

영어 : Oh! no~! Stop it!

수학 : 분수를 제대로 파악해라.

한국지리 : 이 동네 아이들은 왜 이 모양이냐?

음악 : 말리지는 못 할망정 서로 장단 맞추니?

미술 : 가관이다, 가관!

윤리 : 서로 배려하고 타협할 줄 알아야 민주시민이지.

독서 : 반성문 100장은 써야 정신을 차리겠구만.

진로 담당 : 너희들 앞으로 어떻게 살아가려고 그러니?

보건 교사 : 또 다쳤니?

세계사 : 너희들이 싸운다고 이 세상이 달라지지 않아.

정치 : 나라꼴이 어찌되려는 건지…….

물리 : 힘으로 싸우는 게 최고가 아냐.

화학 : 열불 터져.

지구과학 : 내가 아주 돌겠다.

만약 내가 무엇을 잘못한다면 사람들이 내게 이럴 것 같긴 하다.

"옛날부터(고전문학) 세상천지 이렇게 말이 안 통하는(영어, 중문) 사람은 처음 본다. 낫 놓고 기역자도 모르는 사람(국문학)처럼 배우지도 못하고(교육학) 교양도 없이(문화교양학) 이런 법(법학)이 어딨냐?"

또 썰렁한 농담이었다.

이 자리처럼 공부꾼들이 모여 궁금한 것들을 서로 묻고 아는 것들을 나누며 인생도 배우는 시간에는 공부의 또 다른 묘미를 느낀다. 영문학 학회나 한문학 석사과정에서 학문에 대한 전문적인 지식과 출처, 원문 해석과 시각, 논문 주제 등 남의 생각과 공부 방법을 듣는 것은 밤새 들어도 흥미롭고 도움이 된다. 그러나 느긋하게 동네 근처에서 조금 편안한 마음으로 학우들과 함께하는 시간도 그에 뒤지지 않게 재미있다.

나이와 직업은 서로 다르지만 어느 과목의 교수님을 도마에 올려 강의 발음이나 예상 문제에 속은 시험 등을 이야기하거나, 자신의 인생과 공부를 버무려 웃음을 터뜨리게 하는 대화의 맛은 방송대만이 가진 또 다른 장점이다.

술자리를 마감하며, 내 강의를 가장 열심히 듣는 분이자 그날 손자의 대학 합격 소식을 들은 칠십대 분이 한 말씀 하신다.

많이 배울수록 겸손하고 베풀어야 하며, 공부는 웃으며 하고 집안사도 공부니 소홀히 하지 마라. 더구나 이렇게 나이 상관없이 격의 없는 자리, 나이 든 사람으로 너무 고맙다.

그 말씀을 끝으로 조용히 술값을 내시고는 먼저 자리를 떠나셨다. 깊이든 넓이든 많이 배워 머리에 든 것도 중요하지만, 더 중요한 게 있다는 말씀이다.

꿈과 열정이 있으면 언제나 청춘이다

내 공부를 나누는 즐거움을 처음 깨달은 것도 방송대였다. 비록 소소한 강의지만, 내 지식이 다른 분들에게 도움이 될 때의 뿌듯함은 생각보다 훨씬 컸다.

처음 방송대에서 강의를 한 것은 관광학과를 다닐 때였다. 형과 학생회장을 통해 대학영어 특강 제안이 왔을 때 처음엔 망설였다. 그간 학교나 어학원 등에서 강의를 해왔지만 나보다 나이 많은 분들도 있었고, 나의 낯가림과 강의 눈높이는 어떻게 맞춰야 하나 하는 부담감 때문이었다.

그러나 막상 강의를 듣고 만족해하는 학우들을 보면서 전에 경험하지 못했던, 작지만 기분 좋은 충족감이 들었다. 이후 영어 과목을 넘어 리포트 작성법과 글쓰기 등 다른 과목으로 넓어지면서 점점 함께 하는 공부와 나누는 공부가 굉장히 행복하다는 걸 알게 되었다. 지금까지 방송대에 적을 두고 강의한 시간이 이만 시간이 넘어, 나도 강의로는 1만 시간의 법칙을 두 번 넘어서며 내 공부도 되었고, 강의 기술도 늘게 되었다. 그리고 수많은 선현들이 혼자 어렵게 이룬 공부를 왜 남에게 나누었는지도 깨닫게 되었다.

원래 학문이란 자연과 사람에 대한 탐구에서 비롯돼 세계관을 정립하고, 개인의 정체성과 삶의 가치관을 세우는 일이었을 것이다. 세상의 변화에 따라 시대정신과 가치질서를 생산하고 방향을 제시하면서 발전했다. 이를 보다 바람직하고 나은 방법으로 정리하고 전달하기 위해 학교도 만들었을 것이다.

공부는 이를 학습해 경세와 처세를 가르치고 배우는 일이었으며 종교·철학·역사·문학, 그리고 넓은 범주에선 자연과학도 이 화두에서 비롯되었을 것이다. 그래서 성자와 성현, 위대한 스승은 모두 공부꾼들로 그들 말씀의 전부가 이것을 벗어난 것이 하나도 없다.

한편 위대한 공부꾼들은 자신의 공부 목적으로 개인의 입신양명보다 함께 사는 세상을 추구했으며, 이를 두루 전파하고자 노력해 제자를 두어 가르치거나 책을 쓰거나 말씀을 남겼다. 학문과 학교는 이렇게 발전했을 것이다.

요즘 우리 사회는 지식인과 전문가 집단에 대한 사회적 실망과 공분이 커지고 있다. 배운 자들이 사회를 망친다고 한다. 공부를 한낱 자신의 계층 사다리를 오르는 도구로 삼고, 자신의 이익을 위해 지식을 파는 경우가 허다하다. 다른 사람 입장에서 보자면 아니 배운만 못한 사람들이다. 예로부터 곡학아세는 흔했다. 공맹을 들먹이지만 정작 출세 후 가르침에 반한 행동으로 물의를 일으킨 인물은 우리 역사에 흔하다.

수많은 외침, 민란과 사화를 생각해보면 모두 배운 자들의 술수와 무능과 농단이 단초를 제공한 면이 있다. 그러나 자기 수양으로 공부를 한 분도 많았고, 조식·황현·이옥·권호문 등 초야에 묻혀 출세와 명망을 쫓지 않았으면서도 도리에 어긋난 중대한 사회문제엔 분연히 일어나 배움을 실천하고 행동한 조상님도 많았다.

멸문과 사화를 두려워하지 않는 상소, 돈 한 푼 되지 않지만 학자로서 보고 배운 것들을 기록해 백성들을 계몽하고 지식을 나눠준 공부꾼들도 있었다. 이들이 아니었다면 조선시대에 나온 세계적인 백과사전인《임원경제지》,《목민심서》,《자산어보》,《동의보감》, 아울러《훈민정음》도 나오지 않았을 것이다. 우린 그분들의 덕을 보고 있는 셈이다.

쓰다 보니 내가 무슨 큰 뜻을 품은 선비나 올곧은 지사처럼 보일 수도 있겠다. 전혀 그렇지 않다. 그저 방송대에서 공부를 이어가며, 내가 좋아하는 공부를 통해 어떤 대가를 기대하기보다는 스스로 많이 성숙했다는 이야기를 하고 싶다.

오늘 최선을 다해 공부하는 대부분의 방송대 학우들이 그렇듯, 나 자신에게 가장 정직한 행위는 공부라는 사실을 새기고, 공부를 쓸모 이전에 나를 평생 성숙시키는 일로 삼아 여전히 공부하는 사람으로 남고 싶다.

꿈과 열정이 있으면 언제나 청춘이다. 평생 웃으면서 공부하는 사람이 되고 싶다.

일러두기

이 책을 탈고하면서 주변 지인들에게 조언을 구했다. 부족한 글이지만 고맙게도 많은 분들이 질책보다는 격려를 해주셨다. 여러 의견 가운데 특히 영어 관련 내용이 없는 것을 아쉬워하는 분들이 많아 그간 방송대에서 영어 강의한 것을 짧게나마 압축해 싣는다. 방송대 학생 중에는 뛰어난 영어 실력을 갖춘 사람도 있지만 대부분 영어 스트레스를 겪는다. 사람마다 영어 학습 수준에 차이가 있고 궁금한 부분도 모두 다르겠지만, 지면의 한계가 있으므로 그동안 필자가 방송대에서 강의한 내용을 중심으로 영어 공부에 도움이 될 만한 팁 몇 가지만 소개한다. 짧고 대략적인 소개일 뿐이어서 대단한 학습법이라고 할 수는 없다. 단지 학습자 입장에서 쓴 글이니 부담 없이 읽고 참고하면 좋겠다.

4부

영어 완전 정복

〈대학영어〉 교재의 특징

Well done is better than well said.

Benjamin Franklin

영어, 모르면 성가시고 알면 해방이라는데

방송대 〈대학영어〉는 교재의 머리말에 나와 있듯, 고등학교까지의 영어 교육과정을 마친 사람이면 충분히 이해할 수 있다. 그 수준에 조금 못 미치더라도 강의를 충실히 들으면, 누구나 따라갈 수 있고 시험 보는 데에도 지장이 없다. 그만큼 강의 구성이 쉽고 짜임새가 있기 때문이다. 구성이 쉬운 한편, 내용 수준이 높아 강의를 완벽하게 마스터하면 상당한 영어 능력 수준에 이를 수도 있다.

영어권 나라의 해외 직구 사이트의 상품평을 읽고 구매하는 건 아주 쉬운 일이 되고, 시사 용어나 신조어 등만 보충하면 외국 신문 읽기도 가능하며, 웬만한 문서는 구글 번역기 없이도 읽을 수 있다. 리스닝과 어휘만 더 보충한다면 TOEIC 시험에서도 고득점이 가능한 수준이다. 한 학기 빡세게 공부해서 이 정도 영어 실력이 된다면, 누구라도 도전할 가치가 있는 강좌가 아닌가 싶다.

예전에는 방송대 〈대학영어〉가 교양필수 과목이었지만, 요즘은 교양선택 과목이 되어서 모두가 〈대학영어〉를 선택하진 않는다. 이미 영어 실력이 뛰어나 건너뛴 사람도 많지만, 영어가 어려워서 피해 간 사람도 꽤 있다. 영어 초급자임에도 용감하게(?) 영어를 선택한다면 방송대의 혜택을 제대로 누리는 사람이다. 흔치 않은 좋은 강좌를 들을 기회를 잡았기 때문이다.

영어가 필수인 시대라지만, 한국인에게 영어는 아직 피하고 싶은 통과의례나 거추장스런 숙명처럼 여겨진다. 우리 사회의 업무와 일상생활 등에 이미 영어가 깊숙이 자리하고 있고, 해외여행에서도 영어를 사용할 기회가 잦기 때문이지만, 남의 말을 배우는 건 원래 어렵기 때문이다. 그러나 숙명이든 통과의례든, 모든 공부가 그렇듯 영어도 익히고 나면 여러 모로 편하고 좋은 것도 사실이다. 방송대 재학 중 영어에 눈뜨고서 인생의 새로운 지평이 열려 해방감을 느낀다는 사람도 있다.

영어를 힘들어하는 사람들 대다수가 느끼는 어려움은 영어 고민 불변의 진리, 단어와 문법 때문이다. 당연히 초보자일수록 그렇다. 하긴 모든 외국어는 단어 알고 문법 알면 더 할 게 없기도 하다. 여기에 그 나라 문화나 습관 정도만 추가하면 아예 그 나라 사람과 다를 바 없다. 아무튼 영어 공부는 눈덩이를 뭉치는 것 같아서 초보자에게는 더 어렵지만, 기초를 다지고 차츰 영역을 넓혀가다 보면 어느 순간 자신이 일정 수준 위에 올라섰음을 느끼는 날이 온다. 그러니 방송대 영어 초보 학우라면, 그 잠깐의 어려움을 견디고 포기하지 않는 것이 가장 중요하다.

쉽지만 탄탄한 〈대학영어〉

〈대학영어〉에는 제1과부터 제15과까지 여러 품사와 문법적 내용들이 다양하게 배치되어 있다. 이는 대부분의 중급 이상의 영어 강좌처럼 영어 학습의 선후행 습득까지를 고려한 집필진의 노력으로 보인다.

무엇보다 방송대 교재의 장점은 예습과 자습에 최적화되어 있다는 것이다. 강의를 듣기 전 교재를 미리 읽어두면 수업 효과가 몇 배는 좋아질 것이다. 단어를 익히는 건 기본이고, 각 단원 학습의 핵심 포인트를 살펴두면 강의 듣기가 훨씬 수월하고 강의를 몇 번 반복해 듣는 것보다 나은 효과를 얻을 수도 있다. 만약 예습 시간이 충분치 않을 경우에는 대충이라도 읽어두는 것이 좋다. 이처럼 사전 예습을 해두면 강의가 귀에 쏙쏙 들어오는 경험을 하게 될 것이다. 이는 모든 어학 강좌에 해당하니, '반드시!' 실행하기 바란다.

외국어 공부에서 너무 뻔한 충고이지만, 공부할 단원의 단어는 모두 익혀야 한다. 수업 전후에 시간을 내서 달달 외우든, 단어장이나 카드를 만들어 자투리 시간을 활용해 익히든, 머릿속에 저장해야 한다. 내 경험으론 손으로 쓰거나 입 밖으로 소리를 내며 외우는 것이 효과적이었고, 특히 말이든 글이든 일상에서 자꾸 써먹는 것이 머릿속에 가장 잘 저장되었다.

단어는 하루에 많은 양을 외우기보다 매일 일정 개수를 꾸준히 외우는 것이 효과적이다. 단어장을 만들어 암기할 단어와 목표를 적어놓고, 위의 방법으로 실천하는 것 말고는 다른 방법이 없다.

다소 영어 문법을 모르더라도 단어를 알면 문장을 대충이나마 이해할 수 있다. 영어권 나라에서 최소한의 의사를 전하는 생존 영어(survival English), 즉 단어에 보디랭귀지를 섞어 대화하는 의사소통이 가능하다.

지하철역이 어딘지 물을 때, "Excuse me. Where is the subway station?"이 제대로 된 표현이지만, "Subway?"하고 말끝을 살짝 올려주기만 해도 현지인 대부분은 알아듣는다. 적게는 100단어, 많게는 500단어면 충분하다는 게 내 생각이다.

그래서 영어 초보자가 해외에 갈 땐 일단 명사, 상태와 동작을 표현하는 기초적인 형용사, 그리고 동사 순으로 단어를 익히면 더 풍부한 표현을 할 수 있다. 이처럼 단어 외우기는 어느 모로 보나 손해 볼 것 하나 없는 무조건 남는 장사다.

강의나 시험과 상관없이 평상시 단어만 익히는 방법으로는 동의어와 반대어, 접두사와 접미사 등의 단어 갈래 어원으로 공부하기, 그림과 함께 단어 외우기, 약자의 원래 뜻을 생각하며 공부하기 등에 따라 외울 수도 있으며, 아예 원서와 신문을 구독해 읽으며 모르는 단어를 찾아 적어놓고 익히는 방법도 있다.

〈대학영어〉 교재 각 단원은 문학작품에서부터 시사적 내용까지 다양한 내용을 담고 있다. 지문을 통해 일반 상식을 익히는 재미가 있고, 내용에 유머도 있어 지루하지 않다.

Part I(1과~10과)은 단문 독해, Part II(11과~15과)는 장문 독해로 구성된다. 각 단원은 〈Key words and phrases〉, 〈Structures in Focus〉로 구성되어 있다. 또 〈Comprehension Checkups〉에는 핵심 단어, 주요 문법, 그리고 단원 이해도를 점검하는 두 개의 문제가 있다. 문제의 질문과 답이 우리말로 돼 있는 것은, 문법 등을 기계적으로 익히기보다 전체 내용을 이해했는지를 우선 고려하기 때문이다.

Part II의 본문 오른쪽에 있는 〈Notes〉는 반드시 외워야 한다. '노트해야 할' 만큼 중요한 학습 사항이 정리되어 있다.

방송대 영어 수업은 온라인 강의의 특징인 '반복 청취가 가능하다'는 장점이 있으나 오프라인 강의처럼 즉시 질문하고 답하는 현장감과 즉시성이 부족하다. 그러나 이런 문제는 온라인을 통해 얼마든지 해결할 수 있다. 질문 등 학습에 관한 문의 사항이 있을 때 홈페이지 게시판에 글을 남기면 해당 교수님과 신속하게 소통할 수 있다.

과(UNIT) 학습 포인트 -Part I

A smooth sea never makes a skillful mariner.

English Proverb

Part I에서는 주로 문법적인 부분에 초점이 맞춰져 있다. 각 단원의 키워드는 단원을 이해하는 핵심 단어다. 이를 익히면 단어뿐 아니라 지문을 파악하고 문법과 표현 등을 연상해서 기억하는 데 도움이 된다.

1과 핵심 : 관계대명사

관계대명사는 직접적 관계가 있는 두 문장을 연결해주는 다리 역할을 한다. 관계대명사 바로 앞에는 '반드시 명사'로 된 선행사(先行詞)가 있다.

"나는 매우 똑똑한 친구가 있다"라는 문장을 영작하면 "I have a friend who is very smart."이다. 이 문장의 'who'는 관계대명사이며 앞의 'a friend'는 선행사다. friend는 친구라는 뜻이고 사람이다.

선행사가 중요한 것은, 그 명사가 사람이냐 동물이냐 사물이냐에 따라 관계대명사가 달라지기 때문이다. 그리고 관계대명사는 뒤에 오는 것이 명사인지 동사인지 주어인지에 따라서 달라진다. 간단하게 정리하면 다음 표와 같다.

선행사와 격

선행사 \ 격	주격	소유격	목적격
사람	who	whose	whom
사물, 동물	which	whose of which	which
사람, 사물, 동물	that	x	that

예를 들면, A) I know a girl (　　) is tall. 이 문장은 (　　) 뒤에 'is'라는 be동사가 나왔고 선행사가 사람이므로 주격 관계대명사 who가 들어가야 한다. 물론 선행사가 사람, 사물, 동물인 경우에 모두 쓰이는 주격 관계대명사 that도 정답이 될 수 있다.

B) I have a dog (　　) color is white. 이 문장은 (　　) 뒤에 'color'라는 명사가 나왔고, 선행사가 동물이므로 소유격 관계대명사 whose가 들어가야 한다. 추가로 주격, 소유격, 목적격 관계대명사에는 어떤 것이 있는지를 알아두어야 한다.

2과 핵심 : 기본 접속사

접속사란 단어와 단어 또는 문장과 문장을 이어주는 품사로 and, but, when, if, unless. though 등이 있다.

상관접속사란 두 단어 이상으로 된 구문 접속사를 말한다. 예를 들면 'A도 B도 아니다'라는 표현을 영어로는 neither A nor B라고 한다. neither가 나오면 그다음에는 반드시 nor가 나온다. 이때 nor는 neither 또는 not과 상관관계로 쓰이는 접속사이다. 다른 단어처럼 그냥 뜻을 외우면 된다.

이외에 not only A but also B(A뿐만 아니라 B도), B as well as A(A뿐만 아니라 B도), both A and B(A, B 둘 다), either A or B(A, B 둘 중의 하나) 등만 알면 기본은 된다.

3과 핵심 : 접속사, 문장 부호

3과에서는 2과보다 다양한 접속사가 나온다. in addition(덧붙여서 말하면), therefore(그러므로) 등. 또 콜론(:)과 세미콜론(;)의 용법도 공부한다.

콜론은 주로 예시를 나타낼 때 쓰이고 세미콜론은 ①두 문장을 접속사 없이 연결하거나, ②두 문장을 접속사와 함께 연결하거나, ③콜론 뒤에 여러 문장이 나열될 때 사용된다. 용례는 교재에 잘 나와 있다.

구두점은 문장 마지막과 중간에 사용하는 문장부호로, 문장의 종료 및 의미에도 영향을 미치므로, 교재 이외의 것도 반드시 알고 사용법을 익혀야 한다. 대표적인 것이 물음표(?)와 느낌표(!), 마침표(.), 쉼표(,), 하이픈(-), 대시(—) 등이 있다.

커플과 솔로의 차이점은 쉼표(comma)로 알 수 있다. "사랑해, 보고 싶어."는 커플이다. "사랑, 해보고 싶어."는 솔로다. 쉼표 위치로 이렇게 의미가 달라진다. 영어도 그렇다. 어느 재판관의 판결문이다.

A: Pardon, impossble to be sent to Siberia

B: Pardon impossble, to be sent to Siberia

A는 '용서해 주어라. 시베리아로 보낼 수 없다'이고, B는 '용서할 수 없다. 시베리아로 보내라'이다. 쉼표의 위치에 의해 무죄와 유죄가 갈린다. 죄수나 재판관이나 문장만큼 콤마가 중요하다.

4과 핵심 : 조동사

조동사(助動詞)란 동사를 도와주는 동사로 can, may, must, should 등이 있다. 조동사는 어떤 영한사전에서 단어를 찾아봐도 길고 자세하게 설명되어 있다. 그만큼 많이 쓰이고 다양하게 활용하지만 한국인에겐 특히 어려운 것이라 그렇다.

과거 사실에 대한 확실한 추측을 나타내는 '~했음에 틀림없다'라는 뜻을 가진 'must have p.p.(과거 분사)', 과거 사실에 대한 후회를 나타내는 '~했어야 했는데'의 뜻을 가진 'should have p.p.'와 과거 사실에 대한 불확실한 추측을 나타내는 '~했을지도 모른다'라는 뜻을 가진 'may have p.p.'는 꼭 익혀야 한다.

4과에서는 지각동사에 대해서도 공부하는 것이 좋다. 지각동사(知覺動詞)란 알고 깨닫는 동사이다. 지각동사 다음에 사람(목적어)이 나오고 그다음에 '~ing'의 형태가 나오면 '(목적어)가 ~하고 있는 것을 ~하다'의 뜻을 지닌다. "나는 그녀가 춤을 추고 있는 것을 보았다"라는 문장을 영작하면 "I saw her dancing."이 된다.

5과 핵심 : to 부정사

초보자들이 가장 헷갈려하는 것이 부정사다. 부정사(不定詞)란 품사를 정할 수 없다는 의미다. to 다음 명사가 나올 때 to는 '전치사'이지만, to 다음 동사 원형이 오면 'to 부정사'다.

"산책하는 데 한 시간이 걸린다"는 영어로 "It takes an hour to take a walk."이 된다. take 뒤에 시간이 나오면 '(시간이) 걸리다'라는 뜻이 된다. to 다음에 대명사가 올 경우, 즉 "I gave a book to him." 처럼 쓰일 때 to는 '~에게'라는 뜻이다. 이때의 to는 전치사다.

6과 핵심 : 수동태

수동태(受動態)란 동작을 받는 형태를 의미하고 'be동사 + p.p.(과거

분사)'의 형태를 취한다. 수동태는 받는 형태라서 수동의 의미를 갖는 과거분사가 함께 쓰인다. 우리말과 영어의 대표적 차이가 문장의 능동태와 수동태이다. 예를 들어 영어의 "I was told that Tom was rich."라는 문장은 반드시 "나는 탐이 부자라고 들었다"라고 번역해야 한다. 만약 "나는 탐이 부자라고 말해짐을 당했다"라고 번역하면 아주 이상한 문장이 된다. 뜻은 같지만, 각 언어권의 관습이 달라 그런 것이니, 옳다 그르다 따지지 말고 익혀야 한다.

수동태는 전치사와 함께 공부하는 것이 좋다. "This flu is often confused (　　) the common cold."(교재 90쪽) 이 문장의 뜻은 "이 감기 바이러스는 종종 일반적인 감기와 혼동된다"이다. 그럼 이 문장의 괄호 안에 들어갈 전치사는 무엇일까? 정답은 with이다.

영어 'be confused with'는 '~와 혼동되다'라는 뜻을 갖고 있다. 수동태는 전치사와 밀접한 관계가 있다. 특히 '~에 의해서 ~되다'라는 수동적 뜻에 전치사 'by'가 많이 쓰인다. 그 밖의 수동태에 쓰이는 전치사로 in, at, with 등이 있다.

7과 핵심 : to 부정사의 결과적 용법

7과에서는 to부정사에 대한 내용이 다시 나온다. 5과와 다르게 '결과적 용법'을 강조한 to 부정사다. to 부정사의 결과적 용법을 모르면 엉뚱한 해석을 할 수 있다.

to 부정사의 결과적 용법은 뒤에서부터 해석하는 것이 아니라 앞에서부터 순차적으로 해석한다. 예를 들어 "He woke up to find himself famous."라는 문장을 "그는 그 자신이 유명해지는 것을 발견하기 위해 깨었다"라고 번역하면 큰 오류를 범한 문장이 된다. "그는 잠에서 깨어보니 자신이 유명해진 것을 발견했다"라고 해석해야 한다.

"They occur in tropical areas, typically as part of coral reefs which have grown to cover a far larger area under the sea."(교재 111쪽) 이 문장에서 'have grown to cover a far larger area under the sea'는 '바다 아래 아주 넓은 지역을 차지하기 위해 산호가 자랐다'고 번역하면 안 되고 '산호가 자라서 바다 아래 아주 넓은 지역을 차지했다'라고 번역하는 것이 훨씬 더 정확하다.

8과 핵심 : 전치사 관련 숙어들

8과에서는 전치사 관련 숙어들이 나온다. 'be made+from(~로 만들어지다)'라는 숙어는 자주 나오는 영어 표현이다. 여기에서 'from'은 재료를 나타내는 전치사이다.

"Wine was made from both grapes and dates."(교재 117쪽)라는 문장은 "포도주는 포도와 대추야자로 만들어졌다"라는 뜻이다. 'date'는 날짜나 남녀 간의 데이트가 아니라 '대추야자'라는 뜻이다. 'A라기보다는 오히려 B'의 뜻을 가진 'not so much A as B'라는 숙어도 중요하고, '~하기 위해서'라는 뜻을 가진 'so as to'라는 숙어도 특히 잘 알아두면 좋다.

우리말에는 전치사가 없다. 그래서 전치사가 더욱 어렵게 느껴진다. 그 수가 좀 많기는 하지만 아예 전치사 노트를 만들어 다양한 쓰임새와 뜻을 별도로 공부하면 매우 효과적이다.

9과 핵심 : 여러 가지 뜻을 가진 동사(raise, take, have 등)

영어 문장을 번역할 때 여러 가지 뜻을 가진 동사가 많은데, 문맥에 따라 단어의 뜻이 달라진다. 대표적으로 'raise'는 들어올리다, 기르다, 모으다, 인상하다, 야기하다 등 여러 가지 뜻을 갖는다.

"Transplantation raises a number of bioethical issues."(교재 135쪽)라는 문장은 "이식은 많은 생명윤리학적인 문제들을 야기한다"라고 번역하는 것이 좋다.

'take'는 뜻이 다양하기로 소문난 동사다. 가지고 가다, 데려다 주다, 잡다 등의 뜻으로 사용된다. 'have'는 가지다, 먹다, (병 등에) 걸리다, 낳다 등의 다양한 뜻을 갖고 있다.

'propose'는 제안하다, ~하려고 작정하다, 청혼하다의 뜻을 갖고 있고, 'anticipate'는 예상하다, 앞질러 하다, (부채 등을) 기한 전에 갚다 등 다양한 뜻을 갖고 있다.

'miss'는 놓치다, 빠뜨리다, 그리워하다 등의 뜻을 갖고 있으며, 'keep'은 보존하다, 따르다, 관리하다, 계속하다 등 다양한 뜻을 갖고 있다. 이 외에 get, open, ring, divide, lie 등도 다양한 뜻을 갖는 동사다. 영어 단계가 올라갈수록 이런 동사들의 뜻을 필수적으로 알고 있어야 한다.

10과 핵심 : 관계부사

10과에서는 콤마(,) 다음에 쓰이는 where의 의미에 대한 설명이 나온다. 교재에서는 '관계부사'의 문법적 성격을 설명하는데, 그저 우리는 '그리고 그곳에서'라는 뜻으로 외워도 된다.

예를 들어 "I visited America, where I met my friend."라는 문장은 "I visited America, and there I met my friend."라는 문장과 의미가 같다. 둘 다 '그리고 그곳에서'라는 뜻으로 쓰인다.

또 한 가지 중요한 표현은 'those who~'라는 구문이다. 영어 'those' 뒤에 'who'가 나오면 'those'는 저것들이라는 뜻이 아니라 '~하는 사람(들)'이라는 뜻이 된다. 우리가 흔히 쓰는 "하늘은 스스로 돕는 자를 돕는다"라는 말도 'those who~'를 사용해서 다음과 같이 표현한다. "Heaven helps those who helps themselves."

과(UNIT) 학습 포인트 - Part II

Never, Never, Never give up.

Winston Churchill

Part II는 Part I에 비해 고급 영어라고 할 수 있다. 어휘력과 해석 등 구문의 이해에 초점이 맞춰 있다. 문장이 길어 보이지만 차근히 살펴보면 그리 어렵지 않을 것이다.

Part II를 따라잡는 데 필요한 공부의 핵심은 어휘력이다. 당연히 단어와 숙어 등을 외워야 한다. 접두사, 접미사, 시사 용어, 영어권 나라의 관습에 따라 의미가 확장되거나 달라진 어휘, 그리고 좀더 고급스러운 표현 등을 익힐 수 있다.

11과 핵심 : Alien, Authentic, Augmented reality, Avatar, Deliberately

11, 12과에서 다루는 주요 단어는, 미국에서 만든 뉴스 사이트 'Voice of America(VOA)'에서 제공하는 영어 자료 중 〈News Words〉에서 발췌된 것들로 이루어져 있다. 'news'는 고대 프랑스어 'novels'에서 유래되어 새로운 것을 의미하는 단어다.

11과에는 다섯 개의 단어 Alien, Authentic, Augmented reality, Avatar, Deliberately에 대해 설명되어 있다.

'alien'은 외계인이나 외국인 체류자라는 뜻뿐만 아니라 '(당신이 익숙한 것과) 다르다'는 뜻도 갖는다.

'Authentic'은 '믿을 만한', '출처가 분명한', '근거 있는'의 뜻이다.

'Augmented reality'는 '현실에 3차원적인 가상의 물체를 겹쳐서 현실처럼 보여주는 기술'이라는 뜻이고 약자로 'AR'이라고도 쓴다.

'Avatar'는 '분신(分身)', '화신(化身)'을 뜻한다. 컴퓨터 게임에서는 컴퓨터 사용자의 역할을 대신해서 맡는 만화 캐릭터이다.

'Augmented reality(증강현실)'은 'Virtual Reality(가상현실)'과 다르다. 가상현실은 배경이나 이미지 등을 가상의 이미지로 만드는 데 비해 증강현실은 추가되는 정보에 대해서만 가상의 이미지로 만드는 것이다.

'Deliberately'는 '고의로, 신중히'라는 뜻이다.

12과 핵심 : Disenchanted, Encryption, Momentous, Reconciliation, Resilient

12과에는 다섯 개의 단어 Disenchanted, Encryption, Momentous, Reconciliation, Resilient에 대해 설명되어 있다.

'Disenchanted(환멸을 느끼는)'는 '어떤 것에 대해 더 이상 기쁘거나 만족하지 않는다'는 뜻이다(워크북 102쪽). 'dis-'는 부정접두어이고 'enchanted'는 '마법에 걸린', '황홀해하는'이라는 뜻이다.

'Encryption(암호화)'은 디지털 정보를 안전하게 만드는 방법이다(워크북 103쪽). Encryption의 'crypt'는 '숨겨진(hidden)'이라는 의미를 갖고 있다. 따라서 'Encryption'은 숨겨진 쪽으로 향한다는 의미에서 '암호화'라는 뜻이 되었다고 할 수 있다.

'Momentous(중대한)'는 '특히 장래를 위해 매우 중요한'이라는 뜻을 갖고 있다(워크북 104쪽). 'moment'는 '순간'이라는 뜻이다. 여기에 형용사형 접미사인 '-ous'가 결합된 단어이다. "우리의 삶은 순간순간이 매우 중요하다"라고 외우면 좋다.

'Reconciliation(화해)'는 '의견 차이를 청산하는 것'이다(워크북 104쪽). 'conciliation'은 '조정'이라는 뜻이고, 're-'는 '다시'라는 의미를 가진 접두어이므로 'Reconciliation'은 다시 조정한다는 의미에서 '화해'라는 뜻이 된다.

'Resilient(탄력적인)'는 '어려운 상태와 예상하지 못한 변화에서 회복할 수 있다'는 뜻이다(워크북 105쪽). 'sili'는 '살아 있는'이라는 뜻이고, '-ent'는 '형용사형 접미사'이며, 're-'는 '다시'라는 의미를 가진 접두사이다. 따라서 'Resilient'는 '다시 살아 있는' 즉 '탄력적인'이라는 뜻이 된다.

이렇게 11, 12과는 열 개의 단어 뜻을 어원을 살피며 공부하는 데 의미가 있다.

13과 핵심 : 여러 가지 숙어 I

'get somewhere'라는 숙어는 직역하면 '어딘가에 도달한다'는 뜻이지만, '성공하여 잘 되어가다'는 의미로 쓴다.

13과에는 'around'와 관련되는 숙어가 많다. 바로 'hang around'와 'fly around'이다. 'hang around'는 '어슬렁거리다'는 뜻이고 'fly around'는 '주변을 날다'는 뜻이다. 'around'는 '~주위에'라는 뜻을 가진 전치사이다.

'laugh at'은 '~을 비웃다'는 뜻이다. 'laugh'는 '소리 내어 웃다'는 뜻인데, 목표를 나타내는 전치사 'at'과 결합하면 '~을 비웃다'라는 뜻이 된다.

이렇게 영어 표현은 숙어를 통해 더욱 다양하게 확장된다. 공부하는 입장에선 공부거리가 많아짐을 뜻한다. 그래도 풍부한 뜻을 나타낼 수 있으니 재미있기도 하다.

14과 핵심 : 여러 가지 숙어 II

'be based on'이라는 숙어는 '~에 기초를 두다'라는 뜻이다. 전치사 'on'은 '접촉해서 위'의 뜻을 나타낸다.

또 독특하게 쓰이는 단어인 'keep'이 등장한다. 'keep'은 '지키다', '보관하다'는 뜻 외에 '먹고사는 데 필요한 것들', '생활비'라는 명사로도 쓰인다.

"They should work for their keep."이라는 표현(교재 194쪽)은 "그들은 자신들의 생활비를 벌기 위해서는 일해야 한다"라는 뜻이다.

15과 핵심 : 관계대명사 활용

15과에는 1과에서 배운 관계대명사가 다시 나온다. 다음 문장(교재 196쪽)의 괄호 안에 들어갈 알맞은 관계대명사를 넣어보자.

I want a wife (　) will work and send me to school.

'a wife'라는 선행사가 사람이고 관계대명사 뒤에 나오는 품사는 동사다. 선행사가 사람일 때의 주격 관계대명사는 'who'이다. 물론 선행사가 사람, 사물, 동물일 때의 주격 관계대명사 'that'도 쓸 수 있다.

이상으로 교재 내용을 각 단원 별로 해체해 분석해 보았다. 이미 강의 등을 통해 충분히 이해한 분도 있고, 교재를 축약하고 부분을 짚은 것이라 지엽적인 내용일 수도 있다. 그러나 내가 공부할 때 주안점으로 삼고, 강의할 때 학우들이 공통적으로 어렵게 느낀 부분을 발췌한 것으로 이해하시면 된다.

부족한 부분은 학우들이 스스로 보완하면 좋겠다. 다른 독자들도 중급 수준의 영어 학습에 필요한 부분이기도 하니, 참고로 삼아도 좋을 것 같다.

교재 활용 및 강의, 그리고 시험

Use what you have to run toward your best
– that's how I now live my life.

Oprah Gail Winfrey

〈대학영어〉 교재 200% 활용하기

각 단원마다 수록되어 있는 〈워크북〉은 본문과 함께 짜임새 있게 구성되어 있어 원격 학습 교재로는 단연 최고다. 복습하거나 시험을 볼 때, 각 단원의 주제어와 핵심 문법을 떠올리면 전체를 파악하고 기억을 불러오는 데 도움이 된다.

특히 Part I의 〈워크북〉은 단원마다 객관식 문제를 '반드시' 풀어보기 바란다. Part II를 공부하다가 긴 영어 지문이 어려우면 먼저 〈워크북〉의 우리말 해석 부분을 세 번 이상 읽기를 권한다. 지문의 전체 내용이 머릿속에 들어와 있으면 문제 풀기가 매우 수월해진다.

〈Structures in Focus〉는 다른 교재에 비해 Structure에 대한 설명이 훨씬 더 자세하므로 자습과 복습에 유용하다. 타교재는 문법에 대한 자세한 설명이 나와 있지 않아서 독해를 하면서 직접 문법책을 찾아보며 공부해야 한다는 단점이 있다.

동영상 강의는 한 과목당 총 15강으로 이루어진다. 강의를 맡은 세 분의 교수님은 어문학 분야의 전문가들이라 다양하고 식견 높은 지도를 받을 수 있고, 대부분 교재 집필에 직접 참여하시므로 강의 내용도 그만큼 충실하다.

Part I의 본문은 원어민 표준 발음으로 들을 수 있다. 간혹 다른 인터넷 강의나 유튜브 강의를 들어보면 원어민이라도 지역 사투리나 강사 개인의 말 습관으로 정확하지 않은 발음을 내는데, 방송대 강의는 거의 그 나라 아나운서 수준이다. 눈을 감고 들으면 발음에 더욱 집중할 수 있으니, 고급 영어 단계인 사람도 리스닝이 부족한 경우라면 추천한다. 책 뒤에 CD로 붙어 있고, 홈페이지에서 MP3를 다운받을 수도 있다.

강의를 효과적으로 들으려면 첫째, 모든 어학 공부가 그렇듯이 반복학습이 중요하다. 둘째, 일상에서 자꾸 쓰려고 노력해야 잊어버리지 않는다. 셋째, 교재 학습과 별개로 매일 CNN 뉴스를 듣거나, 자신이 좋아하는 영미 드라마 또는 영화를 꾸준히 반복해서 보며 리스닝 공부를 하면 청취력 향상에 큰 도움이 된다. 특히 CNN 아나운서들의 발음은 정확한 표준어라고 정평이 나 있다.

빈도수가 높은 시험 출제 유형

시험은 교재와 강의 내용을 벗어나 출제되는 경우가 없다. 흔한 말로, 교과서 중심으로 최선을 다하면 된다. 초급자 가운데 강의를 열심히 들어도 아직 부족하다 싶은 사람은 최근 3년 동안의 기출 문제집을 푸는 것이 효과적이다.

특히 지금까지 방송대 시험은 1과, 3과, 8과, 9과, 11과, 12과에서만 출제되어왔다. 자세한 이유는 알 수 없지만, 아마 학생들에게 시험의 부담을 줄여주기 위해서인 것 같다. 앞으로도 계속 그럴지는 나도 알 수 없다.

한편 빈도수가 높은 시험 출제 유형을 살펴보면 다음과 같다.

①접속사를 묻는 문제가 많이 출제된다.

if(만약 ~라면), when(~할 때), as soon as(~하자마자)와 같은 중요 접속사를 묻는 경우가 많다.

②전치사를 묻는 문제가 많이 출제된다.

특히 because와 because of 가운데서 정답을 고르는 문제가 출제되면, because는 접속사이므로 그다음에 반드시 주어와 동사가 나온다. because of는 전치사구이므로 다음에 반드시 명사나 대명사가 나온다.

"She has been ill for years because ( ) that."(교재 5쪽) 이 문제에서 괄호 안에 들어갈 정답은 of이다. 뒤에 나오는 that이 대명사이기 때문이다.

③단어의 올바른 형태를 묻는 문제가 많이 출제된다.

"Cancer growth is often (trigger) by viruses."(교재 136쪽)라는 문장에서 'trigger'는 명사일 때에는 '방아쇠'라는 뜻이고 동사일 때에는 '촉발시키다'라는 뜻이다.

이 문장은 'be동사 + p.p.(과거분사) + by(~에 의해 ~해지다)'의 형태로 이루어진 수동태이다. 따라서 괄호 안에는 trigger의 과거분사 형태인 'triggered'가 들어가야 한다.

④ 괄호 안에 들어갈 단어를 찾는 문제가 많이 출제된다.

따라서 단어를 단순 암기하지 말고 문장 속에서 단어의 의미를 파악하는 훈련을 하는 것이 중요하다.

"There is a worldwide shortage of organs available for transplantation, which spurs ( ) organ trafficking."(교재 138쪽)

위 문제를 해석하면, "전 세계적으로 이식 가능한 장기는 부족하고 이것은 (불법적인) 장기 매매를 부추긴다"이다.

legal은 '합법적인'이라는 뜻이고, legal의 반대말은 'il-'이라는 부정접두어가 붙은 'illegal'로서, '불법적인'이라는 뜻이다.

이와 비슷하게, 지문을 읽을 때 모르는 단어가 나와도 문장의 전체 맥락을 파악하면 대충 단어의 뜻을 알 수 있다. 이것을 '문맥 의미(context meaning)'라고 한다.

"Transplant recipients get powerful drugs to suppress their immune system."(교재 136쪽)이라는 문장에서 'suppress'의 뜻을 모른다고 해도 문장 전체를 번역해보면, "이식을 받은 사람들은 그들의 면역 체계를 (   )하기 위해 강력한 약을 복용한다"이다.

조금만 생각해보면 문맥상 '억제' 라는 의미가 들어가야 한다는 걸 유추할 수 있다. 시험에서 당황하여 포기하지 말고 침착하게 최선을 다하는 것이 중요하다.

각 단원의 중요 단어, 숙어

각 단원의 중요 단어와 숙어들을 정리해보았다. 영어에서 자주 쓰이는 것들이므로 반드시 기억해두기 바란다.

【Unit 1】

1. believe in : ~의 존재, 가치를 믿다

ex) I believe in God. 나는 신의 존재를 믿는다.

cf) believe : ~을 믿다

ex) I believe you. 나는 너를 믿는다.

2. get out of~ : ~밖으로 나가다

ex) Get out of here. 나가. 꺼져.

= Beat it. 꺼져. [마이클 잭슨이 부른 팝송 제목]

3. pillow : 베개

cf) pillow talk : 베갯잇 송사

4. closet : ①찬장 ②벽장 ③수세식 화장실(=water closet)

cf) closet drama[play] : 서재극(書齋劇, 읽을 거리로 만들어진 극)

5. die : ①죽다 ②주사위

die of : (병, 노령 등으로) 죽다

ex) He died of cancer. 그는 암으로 죽었다.

die from : (과로, 부주의 등으로) 죽다

ex) He died from overwork : 그는 과로로 죽었다.

cf) The die is cast. 주사위는 이미 던져졌다.

[die(주사위)의 복수형은? - dice]

【Unit 2】

6. change : ①변화 ②잔돈

ex) Keep the change. 잔돈은 가지세요.

cf) change of air : ①전지 요양 ②기분 전환

7. stop ~ing : ~하는 것을 멈추다

cf) don't stop ~ing : ~하는 것을 멈추지 않다

stop to 부정사 : ~하기 위해서 멈추다

ex) He stopped smoking. 그는 담배 피우는 것을 멈췄다.

그는 금연했다.

He stopped to smoke. 그는 담배를 피우기 위해서 멈췄다.

8. decision : ①결정 ②결단력 ③판정승

ex) He won by decision. 그는 판정승으로 이겼다.

9. school : ①학교 ②학파 ③(물고기) 떼(=shoal)

ex) a school of fish : 물고기 떼

10. biology : 생물학

bio-(살아 있는) + logy(학문)

살아 있는 것을 연구하는 학문이 생물학이다.

11. global : 세계적인

cf) global village : 지구촌

globalization : 지구촌화

12. still : ①고요한 ②아직도 ③그럼에도 불구하고

13. civilization : 문명 ↔ barbarism : 야만, 미개

【Unit 3】

14. disease : 질병

dis-(부정접두어) + ease(편안함) [편안하지 않은 상태가 질병이다.]

ease는 '쉬움'이라는 뜻도 있지만 '편안함'이라는 뜻도 있다.

15. **cure** : 치료하다

cure-all : 만능약, 만병통치약

[모든 것을 다 치료하는 것은 만병통치약이다.]

16. **field** : ①들판 ②논밭 ③경기장 ④분야(=area, branch)

17. **match** : ①성냥 ②어울리다 ③대적하다

match maker : 중매쟁이

[두 사람 사이에 사랑이 타오르게 성냥을 켜주는 사람]

18. **patient** : ①환자 ②인내심이 강한

['환자'로 병원에 오래 있으려면 '인내심이 강해야 한다']

【Unit 4】

19. **chemical** : 화학의

cf) chemistry : 화학

chemist : ①화학자 ② '약사'라는 뜻도 있음.

[약사도 화학 기호들을 잘 알아야 함.]

20. **domestic** : ①국내의 ②가정의 ③길들여진['국가길'로 암기할 것]

21. **lot** : ①부지(땅) ②많음(다수) ③제비뽑기 ④운, 운명

[지정된 부지에서 많은 숫자들 가운데 제비뽑기를 해서 당첨되는 운을 가진 것이 로또(lotto) 복권이다.(lot 암기법)]

cf) 'lotto'는 이탈리아어로 '행운', '복권'을 의미하는 단어.

22. **intention** : 의도

ex) My intentions were good. 고의가 아니었어요.

23. **atmosphere** : ①대기 ②공기 ③분위기

24. **nostalgic** : 향수(鄕愁)의

nostalgia : 향수(옛날을 그리워함)

cf) homesickness : 고향이나 집을 그리워함

【Unit 5】

25. **safety belt** : 안전벨트(=seat belt)

ex) Fasten your seat belt. 안전벨트를 매세요,

26. up to : ① ~까지 ② ~가 할(결정할) 일이다

ex) it's up to you. 네가 결정해.

27. face : ①얼굴 ②표면 ③ ~에 직면하다

28. result in : ~을 야기하다

cf) result from : ~로부터 야기되다

29. scratch : 긁다

ex) You scratch my back and I'll scratch yours.

가는 말이 고와야 오는 말이 곱다.

30. scary : 무서운

cf) scary movie : 공포영화

31. Keep you from being 'knocked out' : 당신이 기절을 못하게 하다

cf) keep (목적어) from ~ing : (목적어)가 ~하지 못하게 하다

32. take time : 시간을 내다

cf) take your time. 급할 것 없어. 천천히 해.

【Unit 6】

33. naked eye : 육안[안경을 쓰지 않은 눈이므로 벌거벗은 눈]

34. once : ①한 번 ②전에 ③일단 ~하면

35. immune system : 면역 체계

36. refer to A as B : A를 B라 칭하다

ex) I refer to him as a poet. 나는 그를 시인이라 칭한다.

37. fatigue : 피로[발음은 '퍼티그'인데 '힘들어도 빼텅겨'로 외울 것]

38. complications : 합병증(주로 복수형)

39. muscle : 근육[발음은 '머슬'인데 '멋을' 부린 근육이라고 외울 것]

40. postexposure : 사후 노출

post(~후에) + exposure(노출)

41. paralysis : 마비(증)

42. agitation : ① 동요(動搖) ②불안

지하본부라는 뜻의 '아지트'는 agitation point의 합성어.

러시아어로는 선동본부의 의미를 가진 아지트풍크트(agitpunkt)

43. insomnia : 불면증(=sleeplessness)

44. hydrophobia : 광견병[공수병(恐水病)이라고도 불리는 이 병은 이 병에 감염된 후 물을 마시면 목에 통증이 오고 근육 경련이 일어남]

hydro(물) + phobia(공포)

45. notify A of B : A에게 B를 공지하다

【Unit 7】

46. consist of : ~로 구성되다(=be made up of, be composed of)

47. **provide A**(사람) **with B**(사물) : A에게 B를 제공하다

ex) Cows provide us with milk. 젖소들은 우리에게 우유를 제공한다.

cf) provide B(사물) for A(사람) : A에게 B를 제공하다

ex) Cows provide milk for us. 젖소들은 우리에게 우유를 제공한다.

48. **at least** : 적어도

cf) at most : 기껏해야

49. **marine** : 바다의

cf) submarine : 잠수함[sub는 '아래', marine은 '바다의']

50. **adapt** : 적응하다

cf) adopt : ① 채택하다 ②양자(양녀)로 삼다

51. **make up** : ①구성하다 ②보충하다 ③화장하다

52. **uplift** : 융기[up은 '위로', lift는 '들어 올리다']

53. **crust** : 지각(地角, 지표면을 둘러싸고 있는 부분)

54. remains : 잔해, 유물

cf) remain : 남아 있다

【Unit 8】

55. famine : 기근(=hunger)

56. artificially : 인위적으로

cf) artificial flower : 조화(造花)

natural flower(real flower) : 생화(生花)

57. striking : 현저한(=notable, remarkable, conspicuous)

58. architecture : 건축학(술)

cf) architect : 건축가

59. monolithic : 하나의 암석으로 된

cf) -lithic : 암석의

neolithic : 신석기의

60. considerable : 상당한

cf) considerate : 사려 깊은

61. mummify : 미라로 만들다

cf) mummy : 미라 / mommy : 엄마

62. spell : 주문(呪文), 마법

cf) spellbound : 주문에 얽매인, 마법에 빠진

a spellbound princess : 마법에 빠진 공주

【Unit 9】

63. ethical : 윤리적인

cf) ethics : 윤리학

64. keep in check : 억제하다

65. demand : ①수요 ②요구하다

66. A is informed of B : A가 B에 대해 알게 되다

67. vulnerable to : ~에 취약한

【Unit 10】

68. infamous : 악명 높은(1음절에 강세가 놓임)

69. trial : ①시도 ②시련 ③재판

cf) trial and error : 시행착오

70. devil : 악마

ex) Talk of a devil and he is sure to appear.

호랑이도 제 말 하면 온다.

71. accuse A of B : A를 B의 이유로 고소하다

72. convict A of B : B에 대해 A에게 유죄를 선언하다

73. loyalty : 충성

cf) brand loyalty : 상표 충성도(소비자가 특정 브랜드의 제품에 대해서 갖고 있는 호감도)

74. rivalry : 경쟁

cf) rival : 경쟁자[어원은 'river'에서 나왔다]

75. suspicion : 의심

suspect : ①의심하다(~라고 의심하다) ②용의자

ex) I suspect that he is a thief. 나는 그가 도둑이라고 의심한다.

76. root out : 뿌리 뽑다

77. sympathizer : 동조자

cf) sym- : 같은 / -pathy : 마음 / -ize : 동사형 어미

sympathy : 공감, 동정(심)

78. cooperate : 협력하다

cf) co- : 함께 / operate : 작동하다

79. be engaged in ~ : ①바쁘다 ②~에 종사하다

80. beware of ~ : ~를 조심하다

【Unit 11】

81. be linked to : ~와 연관되다

82. on purpose : 고의로

83. for the purpose of : ~할 목적으로

【Unit 12】

84. rural : 농촌의

cf) urban : 도시의 / suburban : 교외의

85. founder : 창립자

cf) found : 창립하다(=establish)

found(창립하다)-founded-founded

86. be satisfied with~ : ~에 만족하다

87. FBI : 미 연방 수사국(Federal Bureau of Investigation)

88. ups and downs : 부침(浮沈), 새옹지마, 오르막과 내리막

cf) up and down : 위아래

【Unit 13】

89. set one's heart on~ : ~을 탐내다

90. laugh at~ : ~을 비웃다

【Unit 14】

91. be classified into~ : ~로 분리되다

92. as a general rule : 일반적으로(=generally)

93. cunning : ①교활함 ②교활한(=sly)

94. be struck by~ : ~에 끌리다

95. in working order : 정상적으로 작동하고 있는

【Unit 15】

96. keep track of~ : ~을 잊지 않고 기억하다

97. appointment : 약속(회합, 진료 등)

ex) I have an appointment with a dentist at 2 p.m.

나는 오후 두 시에 치과의사와 진료 약속이 있다.

cf) promise : 약속(어떤 일을 할지 하지 말아야 할지에 대한)

ex) He promised that he would study English hard.

그는 영어 공부를 열심히 하겠다고 약속했다.

98. needless to say : 말할 필요도 없이

99. see to it that~ : ~하도록 신경 쓰다

100. replace A with B : A를 B로 대체하다

영어 공부,
시험을 넘어

No man is born wise.

Miguel de Cervantes

영어 수업 잘 따라갈 수 있는 방법

방송대 영어 시험 잘 보는 법, 혹은 영어 수업을 잘 따라갈 수 있는 방법으로 긴 시간을 두고 아예 지문을 통째로 외우는 것도 좋다. 내가 아는 학우 중에는 영어 까막눈으로 입학해서, 지문을 다 외워 버리고 한순간에 영어 능력자가 되신 분도 있다.

그분 말로는 외운 지문과 비슷한 영어 구조에 단어만 대입하면 해석이 되고, 표현이 가능했다고 한다. 하긴 우리말도 우리가 문법을 먼저 배운 건 아니니까 문법을 몰라도 언어를 쓰는 데 큰 지장은 없을 것 같다. 그분의 의지와 기억력이 부럽고 존경스러우면서 한편으론 무섭기도 한 학우였다.

또 다른 방법으로, 각 지역과 과별로 만든 영어 동아리를 찾아가는 것도 좋다. 특히 외국어는 이를 사용할 상황에 자신을 많이 노출시키는 것이 중요하다. 내가 속한 '이 홀릭(E-holic)'처럼 영어로 대화하는 동아리도 있는데, 영어로만 대화하는 것은 인출 연습의 효과를 최대로 끌어올린다. 특히 회화는 인출 연습이 최고의 공부 방법이다.

연관 단어를 함께 기억하자

영어단어는 관련 있는 것들끼리 모아 외우는 방법도 효과적이다. 예를 들어, 수(number)와 관련된 단어를 외우려면 2(bi-), 3(tri-), 4(quadr(u)-), 5(pent(a)-), 6(hex(a)-), 7(sept-), 8(oct(a)-), 9(nove-), 10(deca-),100(hecto-), 1000(kilo-) 등의 접두어를 먼저 알아두면 좋다. 또한 단어 하나를 외울 때 그와 비슷한 말, 반대말, 파생어를 그룹화해서 기억하면 외우기도 쉽고, 연상 효과도 있다.

연상기억법도 좋은 방법이다. 예를 들어, '바다'를 의미하는 'sea'라는 단어를 외울 때 머릿속에 오징어(squid)를 그려서 이미지를 연결하고, 오징어가 먹는 새우(shrimp) 등의 이미지를 연결해나가면서 함께 단어를 외운다.

영어의 생활화도 좋다. 길을 걸으면서 눈앞에 보이는 단어를 영어로 표현하거나 간판, 상표, 자동차 이름, 영화 제목 등을 영어로 써보는 것이다.

'비스킷(biscuit)'이라는 단어를 예로 들어보자. 'bis-'는 '두 번'이라는 뜻이고, 'cuit'은 '굽다'라는 뜻이다. 다시 말해서 biscuit은 두 번 구워서 바삭바삭한 맛이 나는 과자이다. 자동차 '그랜저(Grandeur)'는 우리말로 '장엄'이라는 뜻이다. 연필 가운데 4B, 2H 등의 연필 종류가 있다. B는 'Black'의 약자이고 H는 'Hard'의 약자다.

영어 학습 수준이 중급을 넘어서면 사전도 영한사전보다 영영사전을 사용하기를 권장한다. 영영사전을 쓰다 보면 자연스럽게 단어를 많이 접할 수 있다.

영어 문법을 국어 문법과 비교하면서 공부해보자

영어 문법을 국어 문법과 비교해서 공부하는 것도 좋은 방법이다. 우선 영어에는 수동태가 많다. 예를 들어, "나는 어제 머리 깎았어"를 영어로는 "I had my hair cut."이라고 한다. 머리가 깎인 것으로, 즉 수동태로 표현한 것이다. 물론 "I cut my hair."라고 쓸 수도 있다.

또 우리말에서는 복수 표현보다 단수 표현이 더 많이 쓰인다. 예를 들어, 우리말에서는 "운동장에 두 학생들이 있다"라는 복수 표현보다 "운동장에 두 학생이 있다"라는 단수 표현을 자주 쓰지만, 영어에서는 "There are two students in the playground."처럼 반드시

'학생들(students)'이라는 복수형을 쓴다.

그리고 우리말은 주제와 주어가 모두 중요한 '주제-주어 동시 부각형' 언어(topic-subject prominent language)인 데 비해 영어는 그렇지 않다. 예를 들어, 음식을 주문할 때 "나는 돈가스"라고 한 말을 영어로 "I am Pork Cutlet."이라고 옮기면 우스꽝스러운 표현이 된다.

동요 가사 중 "코끼리 아저씨는 코가 손이래"는 주제-주어 동시 부각형 언어의 특징을 잘 보여주는데, 이런 문장을 이중주어문이라고도 한다. 그러나 이 말을 영어로는 "The elephant man's nose is his hand."라고 해야 한다. 영어에는 이중주어문이 존재하지 않기 때문이다.

영어와 국어 문장의 형식을 비교해보자

영어에서 품사와 문장의 형식은 상호간에 긴밀하게 연결되어 있다. 문장의 형식을 알면 문장 성분이 어디에 위치하느냐를 파악하는 것이 그 단어의 품사를 이해하는 데 도움이 된다.

"Tom was eating an apple."이라는 문장을 예로 들어보자.

이 문장에서 Tom은 주어, was eating은 동사, an apple은 목적어이다. 주어 자리에는 명사와 대명사가 온다. 'Tom'은 사람을 지칭하는 고유명사이므로 주어 자리에 왔다.

was eating은 주어 다음에 나왔고 뒤에 나오는 an apple은 목적어이다. 영어 문장에서는 동사가 앞에 나오고 목적어가 뒤에 나온다. 따라서 이 문장은 주어+동사+목적어(S+V+O) 구조를 지닌 문장이다. 영어의 문장은 다음과 같은 5가지 형식으로 이루어져 있다.

1) 1형식 : 주어 + 동사(S + V)

"Birds fly."(새들이 난다)는 대표적인 1형식 문장이다. 이 문장에서 '높이'를 나타내는 단어인 'high'를 써서 "Birds fly high."(새들이 높이 난다)라고 써도 1형식이다. 왜냐하면 부사인 high는 문장 성분에 들어가지 않기 때문이다.

이 문장에서 fly는 자동사(自動詞)이다. 자동사란 목적어를 필요로 하지 않는 동사를 말한다. 자동사를 영어로는 'verb intransitive'라고 한다. 'intransitive'는 '목적어를 필요로 하지 않는'이라는 뜻이다. 1형식의 동사는 보어가 필요 없는 자동사이고, 이를 완전자동사라고 한다.

2) 2형식 : 주어 + 동사 + 보어(S + V + C)

"She became a teacher."(그녀는 선생님이 되었다)는 대표적인 2형식 문장이다. 이 문장에서 'a teacher'는 보어이다. 우리말에서는 '되다', '아니다' 앞에 오는 말(문장 성분)을 보어라고 한다. 보어란 보충하는 말이란 뜻이다.

만약 앞의 문장에서 'a teacher'가 빠지고 'She became'만 있다면 문장이 성립하지 않는다. 그녀가 무엇이 되었는지 알 수 없기 때문이다. 2형식의 동사는 보어가 필요한 자동사이므로 불완전 자동사라고 한다.

3) 3형식 : 주어 + 동사 + 목적어(S + V + O)

"He ate bread."(그는 빵을 먹었다)는 대표적인 3형식 문장이다. 이 문장에서 'bread'는 목적어이다. 만약 'bread'가 빠지고 'He ate'만 있다면 문장이 성립하지 않는다. 그가 무엇을 먹었는지 알 수 없기 때문이다.

우리말의 '~을/를'에 해당하는 말을 목적어라고 하고, 목적어를 필요로 하는 동사를 타동사(他動詞)라고 한다. 타동사를 영어로 'verb transitive'라고 하는데, 'transitive'는 '목적어를 필요로 하는'이라는 뜻이다.

4) 4형식 : 주어 + 동사 + 간접목적어 + 직접목적어(S + V + I.O. + D.O.)

"I gave him a book."(나는 그녀에게 책을 주었다)은 대표적인 4형식 문장이다. 이 문장에서 'him'은 '간접목적어'이고 'a book'은 '직접목적어'이다.

간접목적어는 '~에게'라고 해석하고, 직접목적어는 '~을/를'이라고 해석한다.

5) 5형식 : 주어 + 동사 + 목적어 + 목적격 보어(S + V + O + O.C.)

"I made him a doctor."(나는 그를 의사로 만들었다)는 대표적인 5형식 문장이다. 이 문장에서 'him'은 '목적어'이고 'a doctor'는 '목적격 보어'이다. 의사가 된 사람은 내가 아니라 그이다. 그래서 'him'과 'a doctor'는 '등호(=) 관계'가 성립한다.

그런데 "I made her a doll."이라는 문장은 5형식이 아니라 4형식이다. 그 이유는 이 문장은 "나는 그녀를 인형으로 만들었다"(5형식)라고 해석되지 않고 "나는 그녀에게 인형을 만들어주었다"(4형식)라고 해석되기 때문이다.

이 문장이 4형식 문장인지 5형식 문장인지 헷갈릴 때에는 'her'와 'a doll'이 등호 관계가 성립되면 '5형식'이고 등호 관계가 성립되지 않으면 4형식이다. 그녀는 절대로 인형이 될 수 없기 때문에 이 문장은 4형식이다.

지금까지 영어 문장의 형식 5가지를 살피면서 간단한 예를 든 것은 각 품사나 문장 성분을 분석하는 것이 초보자에겐 힘든 일이라, 차라리 각 형식마다 대표적인 문장을 외운 후 해당 문장을 대입해 보는 것이 더 쉬울 수 있기에 소개해놓은 것이다.

영어로 된 문장을 많이 읽자

독해 실력을 향상시키는 데는 왕도가 없다. 영어로 된 문장을 많이 읽는 것이 최선의 방법이다. 초보자는 중학 교과 자습서도 좋고, 《이찬승 능률 독해》도 좋다.

자기 수준에 맞는 문학작품을 많이 읽는 것도 좋은 방법이다. 문학작품에는 많은 관용적 표현과 영어권 나라의 문화도 포함되어 있어 독해력을 높이기에 좋은 교재다. 시사영어사에서 나온 100권짜리 〈영한 대역문고〉는 왼쪽엔 영어, 오른쪽엔 우리말 번역문이 나와 있어서 자신이 이해한 것이 맞는지를 바로바로 확인하며 공부할 수 있다.

그다음은 원서를 찾아 읽는 단계다. 아마 방송대 영어를 마스터한 사람이라면, 유발 하라리의 《사피엔스》를 원서로 읽기는 어렵겠지만 오 헨리의 《마지막 잎새》는 충분히 읽을 수 있을 것이다.

단편으로는 《북경에서 온 편지(Letter from Peking)》, 《어린 왕자(The Little Prince)》, 《진주(The Pearl)》, 《동물농장(Animal Farm)》 등의 원서가 읽기 좋다. 아울러 《화성에서 온 남자, 금성에서 온 여자》도 원서를 추천한다. 번역본을 읽었을 때 느끼지 못하는 아주 좋은 영어 표현이 많아 원서 강독의 또 다른 즐거움을 알게 될 것이다.

영작은 영어 실력 향상의 지름길

영어의 꽃은 '영작'이다. 어느 정도 영어가 재미있어지고 수준이 오르면 영작에 도전하길 권한다. 영어로 직접 글을 써보는 것, 즉 영작은 영어 실력을 향상시키는 지름길이다. '반복학습보다 효과가 좋은 써먹기' 공부이기 때문이다.

영작은 외국에 보내는 메일이나 문서 작성에도 필요하고, 영어 일기는 상대가 없어도 쓸 수 있으니 가능하면 도전해보기 바란다. 영작은 단어는 물론 영문법 지식이 탄탄해야 할 수 있으므로, 쓰려고 노력하는 과정에서 공부 효과도 높아진다.

속담과 격언 등을 공부하는 것이 영작에 많은 도움이 되며, 마틴 루터 킹 목사 등의 연설문을 읽거나, 아예 필사를 하는 것도 도움이 된다. 유명 연설문으로는 킹 목사의 〈I have a dream〉, 에이브러햄 링컨의 게티즈버그 연설(Gettysburg Address), 버락 오바마(Barack Hussein Obama) 전 미국 대통령의 각종 연설 등이 있다.

처음엔 기본 문장으로 시작하고, 어느 정도 실력이 향상되어 익숙해지면 한 가지 주제를 잡아 영작을 해보는 것이 좋다.

청춘들의 공부 열정과 늦깎이 공부의 즐거움

공부는 하고 싶은데 어떻게 해야 할지 막막한 분들에게 아주 유용한 책이다. 박사학위 포함 열 번째 학위에 도전하는 저자가 들려주는 공부의 효용과 가치, 그리고 청춘들의 공부 열정과 늦깎이 공부의 즐거움에 대한 이야기다. 많은 독자들이 책장을 넘기며 쏠쏠한 재미를 맛보고 무릎을 치는 감동 또한 얻게 되기를 바란다.

류수노

(한국방송통신대학교 총장)

저자는 영문학 박사학위를 취득한 이후에도 2006년부터 한국방송통신대학교를 다니고 있으며, 방송대 일곱 번째 학과에서 평생교육을 실천하고 있다. 공부의 중독은 아주 긍정적인 중독이다. 이 책은 나이 들어 공부의 기쁨을 느끼고자 하는 사람들이 꼭 읽어야 할 교재다.

백삼균

(한국방송통신대학교 전 출판문화원장·경영학과 교수)

정보의 홍수 시대에 우리는 끊임없이 정보를 찾고 있다. 정보의 양이 너무 많고 다양해서 이를 머리로 전부 다 소화하기가 어렵다. 정보를 듣기만 하면 갈증이 나서 하루 종일 정보 검색을 반복하기도 한다. 정보를 내 것으로 만들려면 정보를 포괄적으로 연결할 수 있는 학문을 공부해야 한다. 학문에 대한 공부를 축적하다 보면 스스로 생각하고 판단할 수 있는 지혜를 얻게 된다. 이 책은 여러분을 공부의 세계로 들어가게 하는 입문서이다.

내가 저자를 처음 만난 것은 2014년 말 한국방송통신대학교 경기지역대학 학장으로 부임하고부터이다. 저자는 영문학 박사이면서 한국방송통신대학교에서 여섯 개의 학사학위를 받고, 현재도 공부하고 있는 공부 마니아이다. 경기지역대학은 물론 전국에 걸쳐 있는 지역대학의 학생들에게 본인이 체험했던 공부의 즐거움을 나눈 공부 전도사였다.

저자는 다양한 학문을 공부하면서 얻은 경험을 바탕으로 공부란 무엇인지, 자신은 어떻게 공부해왔고 공부를 통해 무엇을 얻었는지 등을 진솔하게 이야기하고 있다. 저자의 진술대로 공부는 가장 검소하고 긍정적인 취미이면서 삶의 지혜를 얻을 수 있는 도구이다.

모쪼록 이 책을 통해 독자들이 자신의 공부에 실질적 도움이 될 만한 지혜를 얻기를 바란다. 특히 한국방송통신대학교에서 공부하고 있거나 앞으로 공부를 계획하는 분들께 일독을 권하고 싶다.

이긍희
(한국방송통신대학교 정보통계학과 교수/학과장)

누가 말했나? 공부가 제일 쉬웠다고. 곡차신공(穀茶神功)에 빠져 해본 말이리라. 세상에 공부보다 더 어려운 건 없다! 죽을 때까지 해도 해운대 바닷가 모래알 하나도 못 된다. '공부(工夫)'라는 두 글자에 적어도 일곱 가지 의미가 들어 있다. 시간, 정력, 능력, 일, 무공(武功), 함양(涵養), 일꾼.

이 골치 아픈 두 글자를 쓴 사람은 동진(東晉)의 도사(道士) 갈홍(葛洪)이다. "예술과 문예는 귀한 것이 아닌데 (그걸 모르는 사람들은) 쓸데없이 공부를 낭비한다." 인생에서 진실로 귀한 것은 도가(道家)의 도(道)라는 걸 주장하기 위한 글에서 썼다. "'시간'을 들이고 '정력'을 쏟아서 얻은 어떤 방면의 조예(造詣)와 능력(能力)" 이것이 공부의 본뜻이다.

사람의 삶은 유한하고 공부는 무한하다. 유한으로 무한을 추구하는 일은 아주 위태로운 것이라고 장자(莊子)는 말했다. 하지만 그 위태로운 일에 우리는 도전하지 않을 수 없다.

공부신공(工夫神功)을 수련 중인 장웅상! 그가 공부신공을 터득했는지 나로서는 알 수 없지만, 자기의 겸양대로 '공부꾼'임은 분명하다. '공부'에 목마른 친구들이여! 장웅상의 공부론에 귀 기울여 보자!

김언종

(고려대학교 한문학과 명예교수)

학교에 오래 몸담고 있으면서 공부 잘하는 사람은 참 많이 봐왔지만 장웅상 선생님처럼 공부 자체를 순수하게 좋아하는 사람은 본 적이 없다.

영문학 박사학위 포함 각종 학위가 아홉 개나 있다고 한다. 그저 궁금하고 알고 싶은 호기심에 공부했고 공부하다 보니 학위까지 받았다는데, 보통의 열정으로는 힘든 성과이다. 공부를 열심히 하다가도 일정한 목적을 달성하고 나면 그간의 열정이 다소 식기 마련인데 그는 여전히 현재진행형이다.

그야말로 공자(孔子)가 말한 위기지학(爲己之學)의 본보기이다. 공자는 자신의 완성을 위해 돌아가실 때까지 공부를 지속했다. 그것은 남에게 보이기 위한 것도 아니고 어떤 성취를 이뤄내고자 함도 아니었다. 다만 옛것을 찾아서 수시로 익히는 것이 즐거워서였다. 장 선생님이 그러하다. 그는 모르는 것을 이해하고 나면 그 희열은 세상 어느 가치보다 우선한다고 했다. 정말 공부를 좋아하는 사람이 아니면 할 수 없는 말이다. 그래서 아직도 그는 그저 쉼 없이 공부하고 또 공부한다.

그러한 그의 열정에 힘찬 응원을 보낸다. 그리고 더 보탤 것도 없지만 그저 글의 완결을 위해서 한마디한다면, 그의 박학다식(博學多識)을 한곳으로 모아 전심치지(專心致知)한다면 후학을 위한 훌륭한 지침(指針)이 되지 않을까 싶다. 그것이 바로 이 책일 수도 있겠지만 말이다.

윤경희

(고려대학교 한문학과 명예교수)

저자 장웅상 선생은 항상 공부하며 봉사하길 즐기는 사람입니다. 또한 언제나 겸손한 자세로 새로운 지식을 탐구하고 또 나누어주는 분이기도 합니다. 아홉 개의 학위와 2만 시간 이상의 누적 강의시간이 이를 잘 보여줍니다. 때문에 장 선생의 그동안의 삶과 공부의 궤적을 보여준 이 책은 공부에 뜻을 둔 분들에게 공부에 임하는 자세와 방법을 알려줄 좋은 지침서가 될 것입니다.

공자는 일찍이 "아는 것이 좋아하는 것만 못하고, 좋아하는 것이 즐거워하는 것만 못하다"고 말한 적이 있습니다. 어떤 대상이든 그것을 익히고 활용하는 과정에 세 단계가 있음을 지적한 말입니다. 지난 행적을 살펴볼 때 장웅상 선생은 공부를 좋아하고 즐거워하는 분임이 분명합니다.

이제 새롭게 시작한 한문학 전공의 공부에도 더욱 힘을 기울여, 아는 단계를 넘어 좋아하는 단계로 나아가고, 종국에는 즐거움의 단계에까지 나아가길 기대해봅니다. 독자들 역시 이 책을 통해 단순한 지식에 머물지 말고 삶과 공부가 하나인 진정 좋아하고 즐기는 단계로 나아갈 수 있길 바랍니다.

임준철

(고려대학교 한문학과 교수)

학이시습지 불역열호(學而時習之不亦說乎). 배우고 때로 익히면 또한 즐겁지 아니한가? 공자님 말씀에 가장 잘 들어맞는 이가 장웅상 박사이다. 노트에 붉은색, 검정색, 연두색 형광펜까지……, 공부가 저리도 재미있을까? 초·중·고등학생을 거쳐 대학생·성인까지 모든 공부하는 사람의 귀감이다. 이 책을 읽는 사람은 행운아다.

김진배

(유머센터 원장)

저자와의 인연은 타로 카드로 시작되었다. 타로 카드의 상징을 배우며, 저자는 산다는 것 자체가 공부라고 했다. 나도 전적으로 동의한다. 강의실에서 늘 공부를 강조했던 나보다 실천하는 산지식으로 공부를 펼치는 저자를 존경한다. 인생을 가장 가치 있게 살아보고 싶거든 저자 장웅상 박사처럼 공부하고 실천하라!!

최현주

(상담심리학 박사)

이 책은 단순한 공부 기술, 명문대 합격법을 다룬 책이 아닙니다. 진정한 공부란 무엇인가? 왜 공부를 해야 하는가? 공부의 즐거움이란 무엇인가? 공부하는 삶은 어떻게 살아야 하는가? 등 근본적인 질문과 답변을 하는 책입니다.

이 책에서 저자는 오랜 시간 쌓아온 공부를 토대로 수많은 학생들(성인, 학생 포함)이 궁금해하는 위의 질문들에 대해 답을 했습니다. 그 답은 장웅상 선생님의 삶과 경험이 그대로 묻어나는 진솔한 이야기입니다. 또한 공부의 본질, 공부의 뜻, 공부하는 자세, 공부의 묘미, 공부로부터 얻게 되는 것, 장웅상식 공부법 등이 담겨 있습니다. 이 책이 우리 시대에 공부하는 모든 이들에게 귀중한 영감과 감동을 줄 것으로 기대합니다.

이상민

(작가)

단 하나의 학위를 얻기 위해 많은 학생들이 지금도 공부와 싸우고 있다. 그런데 이를 아홉 번이나 해낸 공부장인이 경기도 성남시에 산다. 논문 작업만 끝나면 곧 박사학위를 포함해 열 개의 학위 소지자가 될 그는 공부를 위해 태어난 사람이다.

해박한 지식을 가지고도 겸손한 자세로 자신의 앎에 대해서 뽐내지 않는 사람이 어디 흔할까. 그의 이력을 알고 놀란 이들이 존경을 표하고 칭찬을 아끼지 않는 그 순간에도 맑은 얼굴로 아이처럼 환하게 미소 지을 뿐이다. 그는 K-TV에 출연했고, 〈조선일보〉 '맛있는 공부' 섹션에 인터뷰 기사로 실렸고, 방송대 팟캐스트 〈공부해서 남 주자〉 프로그램 등에서 소개된 적도 있다.

자신이 아는 것을 타인에게 설명하기도 쉽지 않은데, 그는 모르는 것도 배워서 남을 줄 정도로 가르침에 대한 열의와 재능이 탁월하다. 새로운 것을 배우는 것에 두려움이 적은 덕분에 최근에는 타로 카드도 배워 타로 심리상담사 1급 자격증을 취득했다고 한다. 영문학 박사님의 타로 상담을 사람들이 찾는 이유가 있다. 타로 그림카드 한 장 위에도 동서양을 아우르는 인문학적 지식을 녹여내고, 특유의 따뜻한 유머로 내담자의 마음을 다독이기 때문이다.

〈용감한 형제들〉이라는 기사 제목으로 그와 함께 소개된 그의 친형님 또한 여섯 개의 학위 소지자이다. 이쯤 되면 맹자의 어머니, 율곡 이이의 어머니와 함께 이들의 어머니를 추천해도 손색이 없을 것 같다.

박사학위까지 취득하면 잠시 책을 덮어둘 수도 있겠지만 어김없이 또 다른 공부를 시작하는 모습을 보면 공부와 사랑에 빠진 것이 분명하다. 그렇다고 그가 공부를 하면서 가족을 등한시하는 것도 아니다. 늘 형님에 대한 예를 갖추고 아내가 없었다면 공부도 없었을 것이라는 말에서 가족 사랑꾼의 면모를 엿본다.

운 좋게도 이번에 그가 새로 쓰는 책의 원고를 읽어볼 기회가 있었다. '공부에 대해서' 썼지만 다소 생소했다. 왜냐하면 시중에 출판된 책들은 대부분 '어떻게 성적을 잘 받을 수 있을까'에 대해 기술하고 있지만, 그는 '순수한 배움의 즐거움'을 진심으로 논하고 있기 때문이다.

책을 읽고 공부하는 것에 그치지 않고 지식을 삶의 지혜로 녹여내는 것을 곁에서 지켜보면서, 그가 경험을 축적해온 세월이 헛되지 않았음을 알 수 있었다. 하루아침의 노력으로 이룬 것에는 결코 장인이라는 이름을 붙일 수 없지만, 강산이 변하고 또 변하는 시간 동안 한결같은 사람을 장인으로 부르지 못한다면 누가 장인이 될 수 있을까. 어떤 분야의 전문가가 되기 위해서는 적어도 1만 시간이 필요하다고 한다. 그런데 그는 재능 기부에만 2만 시간 이상을 쏟았다. 적지 않은 시간 동안 경기도 전역에서 무료 특강을 진행한 그를 공동체 장인으로 추천하지 않을 수 없는 이유이다.

그를 통해서 "공부에도 다 때가 있다"는 말의 '때'는 나이가 아님을 알 수 있다. 오십의 나이에도 여전히 학생이면서 또 선생님이다. 그를 여기에 추천하고 그가 살아온 학문의 궤적을 비루한 글솜씨로 소개해보는 것은 그에게 배움의 열정을 나누어 받은 빚을 조금이라도 갚아보려는 알량한 노력인지도 모른다.

자신보다 한참 어린 학생이나 나이가 많은 학생을 가리지 않고 배움이 메마른 가슴마다 학구열이라는 씨앗을 부지런히 심어온 공부농부 장웅상 박사는 내가 알리고 싶은 귀한 장인이다. 다음 천년의 역사 속에서도 그의 공부 열정이 이어져 후대에게도 귀감이 되길 진심으로 빈다.

신봄

(경기도문화인연합회 사무처 문화사업팀)

공부가 하고 싶은 당신에게

초판 1쇄 발행 2020년 1월 1일
초판 3쇄 발행 2020년 10월 5일

지은이 장응상
펴낸이 고용석
펴낸곳 다우출판
책임편집 김원선

등록 제2016-000069호(2005년 2월 22일)
주소 서울시 마포구 토정로 222 한국출판콘텐츠센터 422
전화 02-701-3443
이메일 onbooker@gmail.com

ISBN 978-89-88964-48-4 03370

이 도서의 국립중앙도서관 출판예정도서목록(CIP)은 서지정보유통지원시스템 홈페이지(http://seoji.nl.go.kr)와
국가자료종합목록 구축시스템(http://kolis-net.nl.go.kr)에서 이용하실 수 있습니다.
(CIP 제어번호 : CIP2019052785)

- 파본은 구입하신 서점이나 본사에서 교환해 드립니다.
- 책값은 뒤표지에 있습니다.